아빠의
포옹기도

아빠의
포옹기도

아이와 아빠가 함께 자라는 하루의 기도시간

오선화

지우

: 차례 :

독자들에게

커가는 아이들과 다시금 대화와 기도의 시간을 회복하고 싶어 하는 아빠들이 많습니다. 저도 마찬가지입니다. 수시로 안아주고 기도해 주는 다정한 아빠이고 싶지만 분주한 일상 탓에 생각보다 쉽지 않았습니다. 이 책을 처음 봤을 땐, 마치 저자가 아빠들에게 준 어려운 숙제 같았습니다. 언제부턴가 생겨난 자녀와의 서먹함을 넘어설 '포옹'이란 과제가 만만치 않아 보였습니다. 무엇보다 제 안에 아이들을 다정히 안아줄 힘이 더 이상 남아있지 않은 것 같았습니다.

그런데 책을 보면서 이 책은 아이를 위한 책이자 동시에 아빠를 위한 책이라는 사실을 알게 됐습니다. 아이들을 다정히 안아줄 힘은 우리 아이들의 품 안에 이미 넉넉히 준비되어 있었습니다. 우리가 아이들을 안아주는 것이지만, 동시에 아이들도 우리들을 안

아주거든요. 그 힘으로 우리는 분주한 일상의 무게를 이겨내고 아이들을 계속해서 안아줄 수 있습니다. 책에 담긴 따뜻한 이야기와 진솔한 기도문은 이 일을 돕는 또 다른 힘입니다. 서로의 품을 따뜻한 위로와 기도의 시간으로 만들어줄 이 책은 힘겨운 숙제가 아닌 아이와 아빠에게 주는 저자의 값진 선물입니다.

책의 중간중간마다 보이는 '아이가 아빠에게'는 아이가 아빠와 역할을 바꿔보는 곳입니다. 꼭 아이가 직접 이야기와 기도문을 읽게 해주세요. 위로라는 수고가 얼마나 벅찬 경험인지를 꼭 알게 해주세요. 저자가 아빠에게 주는 '힐링 메시지'도 절대 놓치면 안 됩니다. 그 부분은 정말로 아빠를 위해 쓰였거든요. 읽으면서 정말 뭉클뭉클했습니다. 끝으로 저자의 말을 빌려 이 책을 읽으실 모든 아빠들에게 존경과 감사의 마음을 전합니다.

"여러분들은 이미 충분히 좋은 아빠이십니다."

지우

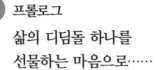

프롤로그
삶의 디딤돌 하나를
선물하는 마음으로……

사람은 힘들 때 추억을 꺼내서 삶의 디딤돌로 놓습니다. 그리고 또 한 걸음을 떼지요. 추억이 없는 사람은 꺼내 놓을 디딤돌이 없습니다. 추억이 없는 사람이 추억을 간직한 사람보다 더 힘든 이유는 그 디딤돌이 없기 때문입니다.

아빠가 아이와 이야기를 나누는 것은, 아이를 포옹하고 함께 기도한다는 것은 마음에 봄을 선물하는 일입니다. 그 봄은 추억이라는 이름으로 켜켜이 쌓이게 되지요. 아빠에게도 아이에게도 언젠가는 마음의 겨울이 찾아올테지요. 그건 사람이라면 피할 수 없는 일이니까요. 그런데 괜찮습니다. 차갑게 언 땅에 디딤돌 하나 내려놓을 수 있으니까요. 그리고 또 한 발 내딛을 수 있으니까요. 그 순간에도 함께이니까요.

삶의 디딤돌 하나를 선물하는 마음으로 진심을 다해 이 책을 썼습니다. 이 책을 읽는 모든 아빠와 아이에게 그 진심이 닿았으면 좋겠습니다. 그래서 삶의 디딤돌을 꼭 꺼내 써야 하는 추운 날이 오더라도 서로를 보며 미소지을 수 있으면 좋겠습니다.

오선화 드림

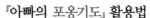

『아빠의 포옹기도』 활용법

1. 아빠가 아이에게

아빠가 아이에게 매일 한 편씩 읽어주는 이야기입니다. 아이의 성품, 가정과 생활, 학업과 관계, 미래의 축복이라는 4가지 주제로 분류하여 아빠와 아이가 함께 공감하며 읽을 수 있는 따뜻한 이야기로 구성했습니다.

2. 포옹기도

아빠가 아이에게 이야기를 들려주고 난 후 함께 할 수 있는 기도입니다. 아이를 안고 읽어도 좋고 기도를 하고 나서 아이를 안아도 좋습니다.

3. 매일, 한마디 축복

바쁜 일상 중에서 아이에게 매일 축복기도를 하고 나가기는 힘들지요. 하지만 매일 축복을 해주고 싶지 않은 아빠는 없을 것입니다. 아침에 아이와 헤어질 때 이 한마디 축복을 건네주세요. 아이가 아빠의 진심을 담은 축복을 받으며 하루를 시작할 수 있도록⋯⋯.

4. 아이가 아빠에게

아이들은 아빠의 이야기를 들으며 생각할 것입니다. 아빠의 이야기를 듣는 것도 좋지만 아빠처럼 읽어주고 싶다고요. 아이들은 역할놀이를 좋아하지요. 아이가 아빠가 되어 이야기를 읽고 아빠는 아이처럼 이야기를 듣는 코너입니다. 포옹기도와 한마디 축복도 포함되어 있습니다. 아이는 아빠에게 이야기를 들려주고 포옹기도와 축복을 해주며, 자신감과 성취감을 느낄 것입니다.

5. 아빠를 위한, 힐링 메시지

아빠 자신이 지쳐있다면 아이와 이야기를 나눈다는
것이 가능할까요? 입으로 읽는 것은 어렵지 않겠지
만 마음을 담기는 어렵습니다. 바쁜 일상 속에서 지
친 아빠를 위해 힐링 메시지를 담았습니다.

웃으세요,
당신은 이미 충분히 좋은 아빠입니다.

사랑은 정말 위대한 힘을 가지고 있는 것 같아.

사랑은 참 많은 걸 가능케 하는 것 같아.

그래서 아빠는 네가

사랑을 지닌 사람이었으면 좋겠어.

네 마음에도

네가 만나는 사람들 마음에도 꽃이 필 수 있게……

1부

아이의 성품을 위한,
포옹기도

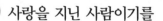

사랑을 지닌 사람이기를

넌 봄이 오면 뭘 하고 싶어? 아빠는 여행을 가고 싶어. 물론 가을이나 겨울에도 가고 싶지만, 봄이 오면 더 가고 싶은 마음이 들어. 봄에는 꽃이 피잖아. 예쁜 꽃들이 많이 핀 곳에 놀러가면 마음에도 꽃이 피는 느낌이 들거든. 그래서 봄에는 더 놀러 가고 싶은가 봐. 그런데 그건 아빠 뿐만 아니라 다른 사람들도 같은 생각인가 봐. 봄에 꽃을 보러 가는 사람들이 많은 걸 보면 말이야. 우리나라 뿐만 아니라 일본 사람들도 그렇대. 봄에 꽃이 많이 핀 곳에 놀러 간대. 물론 그런 곳은 많겠지만 그 중에 한 곳을 얘기해 줄게.

아빠가 얘기해 줄 곳은 일본의 신토미 마을이야. 매년 4월이 되면 그 마을에 사는 구로키 씨의 집으로 많은 사람들이 찾아간대. 놀라운 건 말이야, 구로키 씨는 유명인이 아니라는 거야. 게다가 그 곳은 공원도 아니고 관광지도 아닌 일반 주택이라는 거지. 그런데 그 곳에 왜 그렇게 사람들이 많이 가냐고? 봄에 그 집의 정원에는 꽃개미자리라는 분홍색 꽃이 활짝 핀대. 정원을 가득 메울 만큼 많이! 그리고 더 놀라운 건 그 많은 꽃을 구로키 씨 혼자서 가꿨다는 거야. 무려 20년 동안이나 말이야. 그 이유가 더욱 더 놀라울 걸? 그 이유는 바로 '사랑'이야.

구로키 씨는 야스코 씨와 결혼을 하고 30년 동안 행복하게 살았어. 젖소농장을 하며 세 자녀를 키웠지. 이제 부부는 남은 삶을 즐기며 살기로 했어. 일도 쉬엄쉬엄 하고 여행도 다니면서 말이야. 그런데 그 때 불행이 찾아왔지. 야스코 씨가 시력을 잃게 된 거야. 밝고 긍정적이었던 야스코 씨는 앞을 볼 수 없게 되자 점점 우울해졌어. 집 밖으로는 나가지 않고 방에만 있었지.

구로키 씨는 그 모습을 보며 가슴 아파 하다가 꽃을 심기 시작했어. 사람들이 꽃을 보며 행복해하는 모습을 본 적이 있었거든. 꽃을 정원에 가득 심으면 사람들이 보러 올 거라 생각했던 거야. 그리고 꽃을 보러 온 사람들이 야스코 씨에게 말도 걸어 줄테고, 사람들과 이야기를 하면서 야스코 씨가 다시 밝아질 거라 믿었지.

구로키 씨는 20년 동안 묵묵히 아내를 위해 꽃을 심었어. 정말 사랑하지 않았다면 불가능한 일이었겠지? 아빠도 그렇게 생각해. 마침내 구로키 씨의 소망이 이루어졌어. 정말 사람들이 꽃을 보러 찾아오기 시작한 거야. 지금도 참 많은 사람들이 꽃을 보기 위해 그 곳을 찾아간대. 야스코 씨의 눈은 여전히 보이지 않지만 사람들이 찾아오면 환하게 웃으며 인사를 해준대. 구로키 씨의 사랑이 정원 뿐만 아니라 야스코 씨의 마음에도 꽃을 피웠나 봐. 마음을 가득 메울 만큼 많이!

고린도전서 13장 2절에 보면

사랑이 없으면 내가 아무 것도 아니라는 말씀이 나와.

이 이야기를 읽으니 그 말씀이 떠오르네.

사랑은 정말 위대한 힘을 가지고 있는 것 같아.

사랑은 참 많은 걸 가능케 하는 것 같아.

그래서 아빠는 네가

사랑을 지닌 사람이었으면 좋겠어.

네 마음에도

네가 만나는 사람들 마음에도 꽃이 필 수 있게……

포옹기도

사랑의 하나님,
당신의 사랑 덕분에
오늘도 우리의 마음에 꽃이 핍니다.

그 꽃의 향기로
오늘도 살아가고 있음을 깨달으며
감사를 드립니다.

하나님께서 말씀으로 가르쳐주신 것처럼
그리고 우리가 하나님의 사랑을 받으며 느끼는 것처럼
사랑은 참 좋은 것입니다.

그래서 사랑하는 사람이고 싶습니다.

사랑이 없으면 아무 것도 아니니
사랑을 지닌 사람이고 싶습니다.

누구보다 당신의 사랑을 닮고 싶습니다.

매일, 한마디 축복

너는 사랑을 잘하는 사람이 될 거야.

넌 모든 걸 할 수 있는 사람이야

2000년 시드니 올림픽에서 있었던 일이야. 여자 다이빙 10m 플랫폼에서 사람들은 중국 선수들을 주목했어. 중국은 여자 다이빙 부문에서 무려 16년 동안이나 강세를 보였거든. 그러니까 이번에도 상위권은 모두 중국이 차지할 것이라고 예상했던 거야.

경기가 시작되고 사람들의 예상대로 중국 선수들이 1, 2위를 다투고 있었어. 경기장에 있는 모든 카메라가 그 모습을 담느라 분주했지. 하지만 경기의 끝은 달랐어. 전혀 카메라 안에 담기지 않았던 선수에게 모두의 시선이 닿았지. 그녀의 이름은 로라 윌킨스.

미국 국가대표 선수였지만 예선부터 준결승을 거쳐 결승전 2차전까지 5위에 머무르고 있었어. 하지만 사람들은 그녀가 결승전에 오른 것도 기적이라고 말했지. 그녀는 오른쪽 발 뼈 부상으로 두 달 가까이 병상에 누워 있었거든. 선두와 60점 이상 차이가 나는 5위였지만 그녀를 아는 사람들은 그것도 대단하다며 박수를 보냈지. 그리고 결승전 3차전을 치르는 그녀를 보면서 사람들의 눈이 휘둥그레졌어. 그녀가 최고 점수를 얻어 선두와 격차를 줄인 거야. 이제 카메라가 그녀를 향했지. 결승전 4차전 그녀는 다이빙대에서서 무슨 말을 계속 중얼거리다가 뛰어 내렸어. 그리고 기적이 시작되었지. 그녀가 1위로 올라선 거야! 그리고 마지막 5차전! 그녀의 금메달이 확정되었지.

기자들이 달려가 물었어. 다이빙대에서 무슨 말을 중얼거린 거냐고. 그녀는 말했지. "내게 능력 주시는 자 안에서 내가 모든 것을 할 수 있느니라. 빌립보서 4장 13절 말씀이에요." 기자들은 또 물었지. 대역전의 비결이 뭐냐고. 그녀는 말했어. "저에게 능력주시는 분이 이 일을 하셨습니다."

역시 하나님이 생각하는 기적은
사람이 생각하는 기적과 다른가 봐.

사람들은 5위에 머문 그녀도 기적이라고 했지만
하나님은 4차전부터 기적을 시작하셨잖아.

그리고 어쩌면
그건 기적이 아닐지도 몰라.
우리에게는 놀랍지만
하나님에게는 평범한 계획이었을지도 모르잖아.

너도 이 말씀을 붙잡았으면 좋겠어.
너에게 능력주시는 자 안에서
네가 모든 것을 할 수 있으니까.

° 포옹기도

우리에게 능력 주시는 아버지,
빌립보서 4장 13절의 말씀을 되새겨 봅니다.

하나님의 계획을 알 수 없지만
하나님의 계획하심이 있음을 믿고,
그 계획이 우리의 생각보다 훨씬 놀라운,
우리가 감히 상상할 수 조차 없는 계획임을 믿습니다.

때로는 자신이 없고
때로는 불안하지만
그런 생각이 우리 마음의 문을 두드릴 때마다
문을 열어주지 않고
오직 주를 바라며 주의 계획을 신뢰하기를 바랍니다.

주의 생각이 찾아올 때
주의 사랑이 두드릴 때
마음의 문을 열어줄 수 있기를 바라고 기도합니다.

° 매일, 한마디 축복

너에게 능력 주시는 자 안에서
너는 모든 것을 할 수 있는 사람이야!

행동하는 용기

알리바바 마윈이라는 사람이 있어. 그는 알리바바 그룹의 대표이며, 엄청난 부자야. 그는 세계의 주목을 받고 있어. 그 이유는 스스로 일군 사업이 성공했기 때문이기도 하지만 그의 행동이나 말이 멋지기 때문이기도 해. 어떤 행동이나 말이 멋지냐고? 한 가지 행동을 말해줄게.

어느 날 밤 그가 길을 걷고 있던 중이었어. 그런데 어둠 속에서 뭔가 수상하게 움직이는 걸 본 거야. 자세히 보니 누군가 맨홀 뚜껑을 훔쳐가는 장면이었어. 우선 그는 주위에 경찰을 찾았지만 경찰은커녕 아무도 없었지. 그는 마음이 다급해졌어. 며칠 전 한 아이가 맨홀에 뚜껑이 없어서 빠져 죽었다는 뉴스를 본 기억이 떠올랐거든. 그는 겁이 났지만 용기내서 소리쳤어. "당장 다시 돌려놔요!"

도둑들은 마원을 노려봤어. 마원은 무서웠지만 그래도 잘했다고 생각했어. 도둑들이 달려들까 봐 몸에 힘을 꽉 주고 있었지. 그런데 그 때 카메라에 불이 들어왔어. 무슨 카메라냐고? 사실 그 도둑들은 배우였어. 한 방송국에서 시민들을 대상으로 몰래카메라를 찍고 있었던 거야. 방송국 사람들은 마원에게 다가와 말해주었어. 이 몰래카메라를 통과한 건 마원 뿐이라고. 다른 사람들은 도둑들을 발견하고도 그냥 지나쳐 갔던 거야. 그리고 실제로 이 장면은 방송에 나갔지. 참 많은 사람들이 마원의 모습을 보며 박수를 쳤겠지?

진짜 멋진 사람이지?
다른 성품들도 그렇겠지만
용기도 행동해야 빛이 나는 거 같아.

누가 그러더라.
용기는 겁이 나지 않는 게 아니라
겁이 나도 하는 거라고.

° 포옹기도

언제나 우리와 함께 하시는 하나님,

우리 아이에게 하나님이 주신

좋은 성품들이 있음을 고백합니다.

그래서 우리 아이가 더 반짝이는 것을 알고 있습니다.

우리 아이도 알았으면 좋겠습니다.

자신이 얼마나 반짝이는 사람인지를……

그리고 그 좋은 성품들이

마음에만 있는 것이 아니라

밖으로 나와 행동과 표현으로 나타났으면 좋겠습니다.

그래서 아이의 삶이 더욱 반짝이기를 기도합니다.

° 매일, 한마디 축복

넌 행동하는 용기를 가진 사람이 될 거야!

이미 우리에게 있는 보물

어느 마을에 가난한 청년이 살았어. 그 청년은 매일 일을 마치고 돌아올 때마다 우울해했지. 아무리 열심히 일해도 더 좋은 집으로 이사갈 수는 없을 것만 같았거든. 퇴근길에 강 건너편에 있는 집을 보며 한숨을 푹푹 쉬곤 했어. 강 건너편에 있는 집은 번쩍이는 황금유리로 되어 있었거든. "저런 집에 살면 얼마나 좋을까?" 그 집을 보고 나면 청년은 발걸음이 더욱 무거워졌어. 황금집에 사는 사람은 얼마나 행복할까, 하는 부러운 생각이 발에 매달려 있는 것 같았지.

그러던 어느 날 청년은 황금집에 한 번 가보고 싶어졌어. 거기에 살 수는 없어도 가까이에서 한 번 보고 싶었지. 그래서 청년은 그 집을 향해 뚜벅뚜벅 걸어갔어. 한 시간쯤 걸었을까? 청년은 어느새 황금집 앞에 서 있었지. 무척 우울한 표정으로 말이야. 황금집이 부러워서 그랬냐고? 아니, 황금집이 아니어서 그랬어. 가까이 가서 보니 황금집은 번쩍이지 않았어. 창이 많아서 노을을 받아 황금빛으로 빛났을 뿐이었어.

청년이 힘이 빠져 돌아가려는데 한 청년이 그 집에서 나왔지. 얼굴빛이 어둡고 몸이 삐쩍 마른 청년이었어. 그 청년은 자신의 집을 찾은 청년을 보며 말했지.

"당신은 참 건강해 보이는 군요. 일을 하나요?"
"그럼요. 일을 마치고 오는 길인 걸요."
"정말 부럽네요. 나는 어렸을 때부터 몸이 약해서
 일을 할 수가 없어요."

황금집을 찾은 청년은 왠지 미안한 마음이 들었지. 그래서 인사를 나누고 서둘러 돌아섰어. 그리고 자신의 집을 향해 걷다가 발걸음을 멈췄지. 왜냐고? 강 건너편에 보이는 자신의 집이 노을을 받아 황금빛으로 빛나고 있었거든.

다른 사람이 부러울 때가 있지.
더 좋은 집에 살거나
더 좋은 물건을 가진 사람을 보면
부러운 마음에 발에 매달려
발걸음이 무거워지곤 하지.

그런데 말이야.
남의 것을 보느라
우리가 가진 걸 보지 못할 때도 있어.

이미 우리에게는 소중한 보물들이
많이 주어져 있는데 말이야.

° 포옹기도

우리에게 정말 많은 보물을 주신 주님,
주님이 주신 보물들을 헤아려 봅니다.

우리에게 가족을 주셨죠.
가족이 함께 살 수 있는 집도 주셨죠.
매일 함께 먹을 수 있는 음식도 주셨고요.
옷과 가방도 주셨죠.
양말과 신발도 주셨어요.
다 말할 수 없지만 정말 많은 것을 주셨죠.
이 사실에 감사하며 살고 싶어요.

때로는 부러운 마음이 들 때도 있겠지만
남과 비교하는 우리가 아니라
우리이기 때문에 감사한 우리였으면 좋겠어요.

다른 사람을 보는 눈을 거두고
우리를 보고
우리에게 주어진 것에 감사하는
우리 가족이 되게 해주세요.

° 매일, 한마디 축복

우리에게 우리를 주셨으니 감사하며 살자.

판단을 하기 전에 한 번만

민지는 엄마랑 데이트하는 날이 가장 즐거워. 민지의 엄마는 회사를 다니는데 엄청 바빠서 민지와 이야기할 시간이 별로 없거든.

민지가 가장 싫어하는 말은 "엄마 오늘 야근해!"라는 말이야. 가장 좋아하는 말은 "엄마 오늘 일찍 가!"라는 말이지. 민지는 오늘을 무척 기다렸어. 엄마랑 데이트를 하는 날이거든. 지난 주말까지 야근을 했던 엄마는 돌아오는 토요일에 데이트를 하자고 말했어. 그리고 그 토요일이 바로 오늘이야.

민지는 매일매일 오늘만 기다렸지. 민지는 엄마 손을 잡고 지하철을 탔어. 엄마는 민지의 옷을 사준다고 했지. 민지는 아주 많이 설레었어. 자신의 심장소리가 귀에 들리는 것만 같았지. 드디어 쇼핑몰과 연결

되어 있는 지하철역에 도착했어. 엄마는 민지에게 화장실을 먼저 들렀다가 가자고 했지. 민지도 마침 화장실이 가고 싶었는데 잘 되었다고 생각했지.

민지와 엄마 앞에는 몇 명이 줄을 서 있었어. 5분쯤 지나니 한 명이 남아 있었지. 민지는 이제 한 명만 기다리면 된다고 생각하고 있었어. 그런데 앞에 남은 한 명의 아주머니가 민지에게 먼저 들어가라고 양보를 해주는 거야. 민지 엄마는 아니라고 먼저 들어 가시라고 말했어. 그런데 그 아주머니는 서양식에 들어가겠다고 했지. 비어있는 화장실은 동양식이었거든. 쭈그려 앉아야 하는 변기 말이야. 민지 엄마는 알겠다고 하고 민지를 먼저 들여보냈어. 화장실을 나오며 민지가 엄마에게 말했지.

"나는 어린이인데도 쭈그려 앉아서 잘 하는데 다 큰 어른이 그것도 못해?"
"그렇게 함부로 판단하면 안돼. 혹시 다리가 불편하신 분일지도 모르잖아."

엄마의 대답에 민지는 고개를 끄덕였어. 정말 그럴

지도 모른다고 생각했지.

그 때 그 아주머니가 나와 민지의 앞을 지나갔어. 민지는 놀라서 발걸음을 멈췄지. 아주머니는 다리를 절뚝거리고 있었거든. 게다가 왼쪽 발목은 쇠로 만들어져 있었어. 민지는 다시 심장소리가 들리는 것 같았지. 이번에는 '설렘'이 아니라 '부끄럼' 때문에 말이야.

우리는 눈에 보이는 대로 판단할 때가 많지.

그러고 싶지 않아도

자동으로 그렇게 생각을 정할 때가 있어.

그런데 말이야.

그렇게 생각을 정하기 전에

한 번만 다시 생각해보면 어떨까?

내 생각이 틀릴지도 모른다고,

그 사람만의 사정이 있을지도 모르다고.

성급한 판단은

상대방에게 큰 상처를 줄 수도 있기 때문이야.

° 포옹기도

우리의 입장에서 생각하고 배려해 주시는 아버지,
우리는 우리의 입장에서만 생각하고
배려하지 않을 때가 참 많습니다.

사람마다 상황이 다르고 형편이 다르고
이유가 있고 사정이 있는데
그걸 다 헤아릴 수 없으면서도
마치 다 아는 것처럼 생각하고 말할 때가 있습니다.

그 사람에게는
그 생각과 말이 칼이 될 수도 있다는 걸 기억하고
섣부른 판단은 하지 않기를 기도합니다.
판단보다는 이해하기 위해 노력하고
그 노력에 사랑을 담아
감싸주는 사람이 되기를 기도합니다.

판단을 하기 전에
내 생각이 아닐지도 모른다는,
그 사람만의 사정이 있을지도 모른다는
생각을 하게 해주세요.

° 매일, 한마디 축복

넌 사람을 판단하지 않고
이해하고 사랑하는 사람이 될 거야.

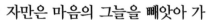

자만은 마음의 그늘을 빼앗아 가

숲속에서 회의가 열렸어. 한 나무가 왕을 세우자고
의견을 낸 거야.

"우리는 왕이 필요해. 사람들처럼 왕을 세우자."
"그래, 네 말이 맞는 거 같아. 나도 숲속의 일을 결
  정할 때 왕이 있으면 정말 좋을 거라는 생각을 했
  거든."

나무들의 의견이 모아졌고 왕을 세우기로 했어. 자
신들이 기름을 부어 왕을 세우려고 한 거야. 나무들
은 왕이 될 나무를 찾아 헤메다가 처음으로 올리브나
무에게 말했어. "너는 기름을 잘 내니까 우리의 왕이
되는 게 어때?" 올리브 나무는 고개를 저었지. "내가
어떻게 하나님과 사람을 위해 기름을 내는 일을 그만
두고 왕이 될 수가 있겠어?"

나무들은 할 수 없이 자리를 옮겨 무화과나무에게 말했어. "너는 열매를 잘 맺으니까 우리 왕이 되어줘." 무화과나무는 단 번에 거절했지. "안돼. 나는 달고 맛있는 과일을 맺어야 해. 하나님이 주신 일을 그만두고 왕이 될 수는 없어."

　　나무들은 다시 자리를 옮겨 포도나무에게 갔어. 포도나무에게도 왕이 되어달라고 했지. 하지만 포도나무도 거절을 했어. 포도주를 낼 수 있게 포도를 만드는 일을 그만두고 다른 나무들 위에서 날뛸 수는 없다고 말이야.

　　나무들은 마지막으로 가시나무에게 가서 말했지. "네가 우리의 왕이 되어라." 가시나무는 으스대며 말했어. "너희가 정말로 나에게 기름을 부어 너희의 왕으로 삼으려느냐? 그렇다면 와서 나의 그늘 아래로 피하여 숨어라. 그렇게 하지 않으면 이 가시덤불에서 불을 뿜어 레바논의 백향목을 태워버리겠다!"

　　나무들은 드디어 왕을 세울 나무를 찾았지. 하지만 즐겁지 않았어. 가시나무는 그늘을 만들 수 없는

데 자신의 그늘 아래로 숨으라고 하잖아. 게다가 그
당시 최고의 나무인 레바논의 백향목을 태우다니 말
이 안되잖아.

이 얘기는 성경에 나와. 사사기 9장에 등장하는 이
야기를 이 책의 작가님이 동화처럼 다시 쓴 거야. 성
경에 왜 이 이야기가 나왔냐면 사사 기드온의 아들
아비멜렉이 스스로 민족의 지도자가 되겠다고 했거
든. 그 뿐만 아니라 자기 형제들을 무참하게 살해하
고 쿠데타를 일으켰어. 간신히 살아난 형제 요담이 아
비멜렉을 경고하기 위해 이 이야기를 한 거야. 그러니
까 가시나무가 아비멜렉인 거지. 하지만 아비멜렉은
이야기를 듣지 않고 자기 마음대로 하다가 결국 죽임
을 당하고 말았어.

가시나무 '아비멜렉'이 겸손했다면

온통 가시 뿐이어서 진짜 그늘은 못 만들어도

마음의 그늘을 가질 수는 있었을텐데 아쉽지?

자만은 이렇게

하나님이 주신 마음의 그늘마저도

빼앗아 가는 건가 봐.

° 포옹기도

우리에게 마음의 그늘을 허락하신 주님,

우리가 쉴 수 있는 그늘까지 만들어 주시는 주님,

감사합니다.

온통 가시가 돋아 있는 우리가

스스로 그늘을 만들 수 있다며 자만하지 않기를,

우리는 완전하지 않다는 것을 기억하고

완전하지 않아도 우리 모습 그대로

사랑해주시는 주님을 의지하며

겸손한 마음으로 나아가게 해주세요.

앞으로 성장할 우리 아이가

겸손함을 지니게 해주시고

어느 자리에 있든지 주를 잊지 않게 해주세요.

우리가 높아지면 주가 낮추시고

우리가 낮아지면 주가 높이신다는

'섬김'이라는 찬양의 가사를 기억하고 살아가겠습니다.

° 매일, 한마디 축복

겸손함을 지닌 사람이 되거라.

일어나면 돼

고등학생인 아폴로스는 청소년부 미식축구 선수야. 그는 미식축구를 사랑하고 항상 열심히 노력해. 그의 말과 행동, 표정과 동작에 열정이 묻어나지. 그는 어느 한 인터뷰를 통해 많은 인기를 얻었어. 그의 인터뷰 영상을 무려 900만 명이나 볼 정도로 말이야.

미식축구 경기가 끝나고 기자는 아폴로스에게 딱 한 가지 질문을 던졌어. "경기 승리의 원동력이 뭐라고 생각하세요?" 그 질문에 아폴로스는 열정적인 연설을 하는 것처럼 대답했지. 어떻게 대답했는지 궁금하지? 그의 대답을 들려줄게. 꽤 긴 대답이니까 잘 들어 봐.

"우리는 느리게 시작했어요. 정말로 느렸죠. 그런 건 괜찮아요. 정말 괜찮아요. 우리 인생에서도 가

끔 느리게 시작하는 경우들이 있잖아요. 괜찮아
요. 우리는 스스로 계속 되새겼죠. '시작은 느렸지
만 점점 빨리질 거야. 시작이 늦을 수는 있지만 언
제나 우린 빠르게 끝내왔잖아.' 그렇게 말이에요.
물론 경기는 분명히 지고 있었습니다. 감독님도 힘
든 경기라고 말씀하셨죠. 하지만 이긴다고 말씀하
셨어요. 팀을 위한 플레이를 하라고 그러면 이길
수 있다고 힘을 북돋아 주셨죠. 우리 팀 선수들은
감독님의 응원을 듣고 승리를 확신하기로 했어요.
상황에 상관없이 점수판에 상관없이 승리할 거라
고 믿었습니다. 감독님도 우리 팀 선수들을 믿었
죠. 우린 항상 노력해왔기 때문이에요. 성공하지
못하더라도 계속 승리를 위해 기도하고 경기에 패
배하더라도 계속 서로를 위해 노력했어요. 그러면
서 우리는 깨달았어요. 이기고 지는 것에 연연할
필요가 없다고요. 우리는 괜찮을 거라고요. 우리
는 계속 웃었고 정말 기분이 좋았습니다. 사고방
식의 문제라는 생각이 들었어요. 생각을 바꾸면
어떤 것도 해낼 수 있다는 거죠. 절대 꿈을 포기하
지 마세요. 어떤 일을 겪더라도 웃음을 잃지 마세
요. 넘어진다면 일어나면 그만입니다. 괜찮을 거예

요. 항상 웃으세요. 이것이 승리의 원동력입니다."

드디어 아폴로스가 대답을 마쳤어. 기자는 아폴로스에게 정말 멋지다며 악수를 청했고, 스포츠 해설가들은 아폴로스의 매력에 빠졌다며 정말 연설가 같다고 칭찬을 했지.

"넘어진다면 일어나면 그만입니다."
아빠는 이 말이 마음에 남네.

그래,
넘어질 수 있지만
넘어져도 괜찮은 거야.
넘어진다면 일어나면 그만이니까.

아폴로스처럼 웃고 긍정적으로 생각하고
기분 좋게 생각하며
항상 노력하면서 살면 좋겠어.

그러다가 넘어져도
노력한 자신에게
그리고 함께 한 팀에게 괜찮다고
우리의 노력은 우리를 배신하지 않을 거라고 말하며
일어나면 되는 거니까.

그래,
넘어지면 일어나면 그만이지, 뭐.

포옹기도

하나님, 우리는 넘어집니다.
우리는 어리석어 넘어지지 않을 거라고 말할 때도 있지만
넘어집니다.

하지만 하나님이 손 잡아 주시고
또 우리가 함께이니 괜찮습니다.
넘어진다면 일어나면 되니까요.
넘어지는 것도 괜찮다고 생각하고 싶습니다.

우리는 약해서 일어나지 못한다고 믿을 때도 있습니다.
다시 걸어갈 용기가 없을 때도 있습니다.

하지만 하나님이 이끌어 주시니
그 발자욱 따라 걸으니 괜찮습니다.
넘어진다면 일어나면 되는 거고
일어나면 다시 걸으면 되는 거니까요.

옆에 지나가는 사람이 더 빨리 뛴다고 불안해하지 않고
우리에게 주어진 걸음의 속도대로
하나님을 따라가고 싶습니다.

매일, 한마디 축복

넘어져도 괜찮아. 일어나면 되는 거니까.

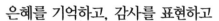

은혜를 기억하고, 감사를 표현하고

친한 친구가 아주 멀리 이사를 가면 말이야, 그 우정
을 계속 지킬 수 있을까? 사랑하는 연인이 멀리 떨어
져 있게 된다면 그 사랑을 유지할 수 있을까? 있을 거
야. 그런데 쉽지는 않을 거야. 만나고 싶은데 만날 수
없는 거리에 있다는 건 참 슬픈 일일테니까. 보고 싶
은데 볼 수 없다는 건 괴로운 일일테니까. 멀리 있어
도 만나기를 바라고 만날 수 있는 방법이 있다면 참
좋겠지? 아빠가 지금 이야기해 줄 할아버지와 펭귄처
럼 말이야. 무슨 이야기냐고? 아주 멀리 사는데 1년
에 8개월 동안 만나는 할아버지와 펭귄 이야기야. 어
떻게 그럴 수 있냐고? 그건 은혜를 기억해서 그래.

브라질 리우데자네이루에 사는 할아버지는 2011년
칠레 파타고니아에 사는 펭귄을 만났어. 펭귄은 기름
을 덮어쓴 채로 할아버지가 사는 곳으로 휩쓸려 왔지.

그 때 펭귄은 생명이 위태로웠어. 할아버지는 펭귄을 집으로 데려갔어. 우선 깨끗한 물로 기름을 씻어줘야 한다고 생각했거든. 할아버지는 집에 들어가자 마자 펭귄을 목욕시켰어. 할아버지는 땀이 뻘뻘 났지만 깨끗해진 펭귄을 보니 뿌듯했지. "자, 이제 깨끗해졌구나. 기분 좋지?" 할아버지의 질문에 펭귄은 고개를 숙이고 끙끙댔어. 배가 몹시 고팠거든. 할아버지는 펭귄의 마음을 눈치채고 얼른 먹을 걸 준비해주었어. 펭귄은 허겁지겁 배를 채웠지. 펭귄은 그제야 기분이 좋아졌지. 그리고 정말 오랜만에 푹 잠이 들었어.

다음 날도 펭귄은 할아버지의 도움을 받아 씻고 먹고 잤어. 다음날도 그 다음 날도 그랬지. 그렇게 일주일이 지나고 펭귄은 다시 건강을 되찾고 바다로 돌아갔어. 무려 8000km를 헤엄쳐서 말이야. 그리고 다음 해 6월 펭귄은 또 8000km를 헤엄쳤어. 또 아프냐고? 아니, 할아버지의 은혜를 잊지 않고 할아버지를 보러 가는 거야. 그리고 지금까지도 펭귄은 매년 6월이 되면 할아버지에게 가서 몇 달을 함께 지낸 후에 돌아간대.

참 감동적인 사랑 이야기지?
펭귄은 어떻게 매년 할아버지를 찾아갈 수 있을까?

그건, 은혜를 기억하기 때문일 거야.

살다 보면
우리도 누군가에게 은혜를 베풀기도 하고
누군가의 은혜를 입기도 할 거야.

우리가 베푼 은혜는 잊어버리더라도
누군가가 베풀어준 은혜는 기억하자.
그리고
펭귄처럼 감사를 표현하며 살자.

° 포옹기도

은혜로우신 하나님,

감사합니다.

우리가 이렇게 이야기를 나누며

행복하게 살 수 있는 것은

모두 주님의 은혜임을 고백합니다.

받은 은혜를 베푸는 사람이 되길 원합니다.

도움이 필요한 손길을 외면하지 않고

기꺼이 손을 내밀게 해주세요.

받은 은혜를 기억하길 원합니다.

도움을 받고 감사한 기억들을 잊지 않고 감사하며

또한 그 감사를 표현하며 살게 해주세요.

무엇보다 주님의 은혜 안에

영원히 거하기를 바라고 기도합니다.

° 매일, 한마디 축복

은혜를 기억하고 감사를 표현하는 사람이 되자.

문제왕의 문제

아주 먼 옛날에 사람들에게 문제를 내는 걸 좋아하는 왕이 있었어. 왕의 이름이 뭐냐고? 이름은 안 나와 있는데 우리가 편하게 '문제왕'이라고 할까? 괜찮지? 그럼 다시 이야기를 시작할게.

아주 먼 옛날에 사람들에게 문제를 내는 걸 좋아하는 왕이 있었어. 그 왕의 이름은 바로 '문제왕'이지. 문제왕은 매일 아침마다 미소를 지으며 혼잣말을 했어. "또 행복한 아침이 밝았군. 오늘은 어떤 문제를 만들까?" 문제왕은 문제를 만들고 사람들을 불러 문제를 낼 때 가장 행복했지. 문제왕은 오늘도 이마를 탁 치며 문제를 만들었어. 그리고 신하에게 말했지. "광대 두 명을 불러 오너라."

오후가 되자 신하는 광대 두 명과 함께 왕 앞에 나

타났어. 왕은 씩 웃으며 문제를 냈지. "자, 너는 이 세상에서 가장 악한 것을 찾아오너라. 그리고 너는 이 세상에서 가장 선한 것을 찾아 오너라. 너희에게 주어진 시간은 3일이다." 광대 둘은 고개를 갸우뚱하며 돌아갔어. 그리고 3일 후에 다시 왕에게 왔지. 왕은 웃으며 말했어.

"자, 내가 하나 둘 셋을 외치면 동시에 답을 외치거라. 하나, 둘, 셋!"
"혀!"

광대 둘은 동시에 대답을 외쳤어. 왕은 짝짝짝 박수를 치며 말했지. "오호! 참 똑똑하구나. 둘 다 정답이다."

유대인들의 지혜가 담긴 책

『탈무드』에 나오는 이야기야.

혀에서 가장 선한 것이 나올 수도 있고

가장 악한 것이 나올 수도 있다는 이야기지.

우리의 말이 선할 수도 있고

악할 수도 있다면

어떤 말을 해야 할지

항상 고민하고 조심해야겠다는 생각이 드네.

° 포옹기도

사랑의 하나님,

혀에 대한 기도를 올립니다.

잠언 15장에

부드러운 말은 분노를 가라 앉히지만

거친 말은 화를 돋우고

지혜로운 사람의 혀는 좋은 지식을 베풀지만

미련한 사람의 입은 어리석은 말만 쏟아낸다고 했습니다.

또한 따뜻한 말은 생명나무와 같지만

가시 돋힌 말은 마음을 상하게 하고

지혜로운 사람의 입술은 지식을 전파하지만

미련한 사람의 마음에는 그런 생각이 없다고 했습니다.

이 말씀들을 마음에 새기고 살며

지혜로운 입술로 선한 것을 베풀게 하옵소서.

우리의 혀가 생명을 말하고

생명을 살리고 사랑을 전파하게 하옵소서.

° 매일, 한마디 축복

오늘도 생명나무와 같은 말을 하며 살거라.

천사의 손을 들어줄래?

한 소년이 있었어. 그의 꿈은 목사였지. 교회도 열심히 다녔어. 노래에 소질이 있어서 수도원 합창단 단원이 되었지. 그는 콧노래로 오페라를 부르며 친구들에게 들려주기를 좋아했어. 노래 부르는 것만큼이나 책 읽는 것도 좋아했어. 역사, 철학, 예술 등 여러 방면의 책을 즐겨 읽었지.

그가 청년이 되어 군대에 갔을 때 이런 일이 있었어. 길 잃은 강아지 한 마리가 그에게 다가왔지. 그는 그 강아지를 돌보기 시작했어. 매일 먹이를 주고 쓰다듬어 주었지. 그러던 어느 날 누군가 강아지를 훔쳐간 거야. 그는 며칠 동안 강아지를 잃은 슬픔에 잠겨 있었어. 사람들은 그를 보며 짐승에게도 함부로 하지 않는 사람이라고 말했어 서른이 넘은 그는 시 쓰는 걸 좋아했지. 어머니에게 아름다운 시를 써주기도 했어.

그가 누구냐고?

　이제 그의 이름을 알려 줄게. 그의 이름은 아돌프 히틀러야. 그는 2차 세계대전을 일으킨, 지구 역사상 가장 잔인하고 악마 같다고 불리는 사람이지.

사람의 마음 속에는
천사와 악마가 같이 살고 있어.

때로는 천사가 이기고
때로는 악마가 이기지.

그런데 그건
우리가 손을 들어주는 거야.

천사의 손을 들어줄지
악마의 손을 들어줄지
우리가 결정할 수 있지.

우리는 이 이야기를 통해
천사의 손을 들어준 히틀러와
악마의 손을 들어준 히틀러를 다 만난 거야.

아빠는 네가
천사의 손을 들어주는 사람이면 좋겠어.

° 포옹기도

사랑의 하나님,

오늘도 기도합니다.

이렇게 함께할 수 있는 시간을 주신 것을 감사하며

두 손을 모읍니다.

완전히 착한 사람도

완전히 나쁜 사람도 없는 것 같습니다.

다만 누구나 마음 속에

천사와 악마를 함께 가지고 있는 것 같습니다.

천사의 손을 더 많이 들어주는

'우리'가 되고 싶습니다.

그 무엇보다 하나님의 마음을 닮아가는

'우리'가 되고 싶습니다.

° 매일, 한마디 축복

오늘도 천사의 손을 들어주는 하루가 되기를!

너는 반짝반짝 빛나는 아이야

우리 엄마 항상 나에게 얘기해 주시던 말씀이 있지요
아침마다 밤마다 내 귓가에 속삭여주시던 말씀

우리 아빠 항상 나에게 얘기해 주시던 말씀이 있지요
내 머리를 쓰다듬어 주시며 속삭여 주시던 말씀

너는 특별하단다
하늘의 별과 같이 반짝반짝 빛나는 아이란다
너를 사랑한단다
이 세상 그 무엇과도 비교할 수 없는 내 소중한 사랑

〈하늘의 별과 같은 아이〉라는 노래의 가사야. 아빠는
이 노래를 들으며 널 떠올렸단다. 왜 그랬냐고? 널 향
한 아빠의 마음도 같으니까.

아빠는 네가 잊지 말았으면 좋겠어. 너는 특별하고 하늘의 별과 같이 반짝반짝 빛나는 아이라는 걸. 아빠가 널 사랑하고 넌 이 세상 그 무엇과도 비교할 수 없는 소중한 사랑인 걸.

하늘의 별처럼 빛나는 너
아빠가 눈이 부셔서 바로 쳐다볼 수 없을 만큼
반짝이는 너

널 주신 하나님께 감사해.
너는 정말 최고의 선물이야.

사랑해.

° 포옹기도

우리 아이를 주신 하나님,
정말 감사드립니다.

이 아이가 없었다면
우리 가정은 이렇게 환하지 않았을 거예요.

이 아이가 없었다면
이렇게 환하게 웃을 수 없었을 거예요.

우리 가정에
이렇게 빛나는 선물을 주셔서
우리가 함께 할 수 있게 해주셔서
정말 많이 감사드립니다.

서로를 위해 기도하며
오늘을 살게 해주셔서

또 감사드립니다.

° 매일, 한마디 축복

오늘도 너는 반짝반짝 빛나는 아이란다.

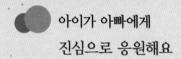

아이가 아빠에게
진심으로 응원해요

오늘은 내가 아빠에게 이야기를 들려주는 날! 오늘의 이야기도 기대하세요.

　일본의 초등학교에서 있었던 일이에요. 그 학교에는 유난히 작은 아이가 있었어요. 또래들보다 몸집이 작아 유치원생 같았지요. 친구들도 그렇게 생각했고 선생님들도 그렇게 생각했어요. 그 아이 자신도 그렇게 생각했지요. 그래서 항상 자신감도 없고 힘이 빠져 있었어요.

　체육시간에는 유난히 더 그랬죠. 뜀틀을 배우고 있는데 키가 작으니 높이 뛰는 건 더 자신이 없었거든요. 게다가 뜀틀이 10단이나 되었어요. 아이에게는 마치 높은 산처럼 느껴졌죠. 아이는 자신의 차례가 오지 않기를 간절히 바랐어요. 하지만 바람이 현실이 되지는 않았지요. 아이는 침을 꼴깍 삼키고 용기를 내서 뛰었어요. 하지만 실패했죠. 너무 부끄러웠어요. 하지만 도전해 보고 싶었어요. 또 한 번 열심히 달렸지만 뜀틀 중간에 털썩 주저 앉고 말았지요. 그리고 또 한 번 더, 또 한 번 더 도전했지만 성공하지 못했어요.

아이는 힘이 빠져 울어버렸어요. 자신이 아무 것도 못하는 사람인 것 같았지요. 울면서 일어나기는 더 창피했고 모든 친구들이 놀릴 것만 같았어요. 하지만 생각이 현실이 되지는 않았어요. 놀라운 일이 벌어졌죠. 친구들이 우르르 나와서 크게 세 번 외치는 거예요.

"넌 할 수 있어!"
"넌 할 수 있어!"
"넌 할 수 있어!"

아이는 눈물을 훔치며 친구들을 보았어요. 모두 진심으로 응원해 주고 있다는 것이 느껴졌죠. 아이는 다시 힘을 냈어요. 그리고 다시 힘차게 뜀틀을 향해 뛰었어요. 아이는 정말 뛰어 넘고 싶었어요. 그리고 바람은 현실이 되었지요. 드디어 아이가 뜀틀을 넘었어요.

아빠,

친구들의 진심이 담긴 응원이

아이에게 엄청난 힘을 주었나 봐요.

나도 친구들에게

이런 힘을 주는 친구이고 싶어요.

그리고 아빠에게도

이런 힘을 주고 싶어요.

아빠,

나는 아빠를 진심으로 응원해요.

° 포옹기도

우리를 응원해주시는 하나님,

하나님은 우리를 응원해 주고 계시죠?

소리는 들을 수 없지만

마음으로 느껴요.

하나님이 할 수 있다고

진심으로 응원해 주고 계시다는 것을요.

그 응원 잘 받아서 힘낼게요.

그리고 우리도

사람들을 응원할게요.

그리고 나도 하나님과 아빠를

진심으로 응원해요.

° 아빠를 위한, 한마디 축복

아빠는 오늘도 잘 할 수 있어요!

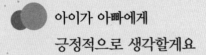

아이가 아빠에게
긍정적으로 생각할게요

승현이는 아빠와 함께 비행기에 탔어요. 호주에 사는
삼촌을 만나러 가는 길이에요. 승현이는 삼촌 얼굴이
잘 기억나지 않아요. 승현이가 세 살 때 삼촌은 호주
로 유학을 떠났거든요. 그리고 승현이가 열 살이 된
지금까지 한 번도 한국에 오지 않았어요.

승현이는 참 신기하다는 생각이 들었어요. 승현이
가 아빠한테 "삼촌이 빨리 보고 싶어요!"라고 말했거
든요. 얼굴도 기억나지 않는 삼촌이 보고 싶다니 정말
신기하잖아요. 아빠는 "나도 빨리 보고 싶다!"고 말했
어요. 아빠도 신기하다는 생각이 들었어요. 오랫동안
보지 못했는데도 동생의 얼굴이 선명하게 기억났거든
요. 승현이와 아빠는 같이 설레였죠.

하지만 얼마 후 승현이 마음 속의 설레임이 사라졌

어요. 비행기 안에서 지내는 시간이 너무 지루했거든요. 호주에 가려면 열 시간이 걸리는데 다섯 시간이 지나니까 빨리 도착했으면 좋겠다는 생각만 들었지요. 애니메이션도 세 편을 봤고 밥도 먹었고, 화장실도 다녀왔는데 아직 다섯 시간이나 남았다니……. 승현이는 눈 앞이 캄캄해졌지요. 몸을 베베 꼬며 얼른 시간이 가기를 바랐어요. 그리고 정말 한참 지난 거 같았는데 겨우 한 시간이 지났죠. 승현이가 말했어요.

"아빠, 네 시간이나 남았어요?"
"아니! 네 시간 밖에 안 남았는데?"

아빠는 웃으며 승현이에게 막대사탕을 건넸어요. 승현이는 막대사탕을 입에 물며 생각했죠. '아빠가 항상 긍정적으로 생각하라던 말이 이런 건가? 아빠가 말하니 왠지 거리가 짧아진 것 같은 생각이 드네.'

아빠,

같은 상황이라도 어떻게 생각하느냐에 따라

정말 마음이 달라지나 봐요.

'네 시간이나 남았다'는 말과

'네 시간 밖에 안 남았다'는 말에서

생각의 차이가 느껴져요.

저도 이제 긍정적으로 생각할게요.

아빠도 그랬으면 좋겠어요.

° 포옹기도

하나님,

긍정적으로 생각하고 싶은데 잘 안 될 때가 더 많아요.

입술을 삐죽 내밀고 불평하기도 하고

마음 속에 불만을 쌓기도 해요.

같은 상황이라도

긍정적으로 생각하며 나아가는 사람이 되었으면 좋겠어요.

아빠도, 저도

긍정적으로 생각하며 생활하게 도와주세요.

불평과 불만이 떠오르면

얼른 잡아서 터뜨리고

다시 감사와 기쁨을 만들 수 있으면 좋겠어요.

아빠랑 저를

언제나 사랑해 주셔서 감사해요.

° 아빠를 위한, 한마디 축복

아빠, 오늘도 긍정적으로 생각하며 살아요.

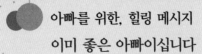

아빠를 위한, 힐링 메시지
이미 좋은 아빠이십니다

부모 강의를 마치고 질문을 받는 시간이었어요. 어느 남자분이 손을 번쩍 들고 질문을 하셨죠.

"작가님, 어떻게 하면 좋은 아빠가 될까요?"

저는 그 질문이 왜 그렇게 짠했을까요? 좋은 아빠가 되고 싶은 마음이 있지만 그러지 못해 힘들다는 마음이 다 느껴지더라고요. 저는 대답했어요.

"그렇게 질문하시는 지금도 정말 좋은 아빠세요. 제가 강의를 다녀보니까요, 정말 좋은 분들이 그런 질문을 하시더라고요. 더 좋은 아빠가 되고 싶어서 이렇게 주말 오전에 강의를 들으러 오셨다는 사실만 봐도 알 수 있어요. 이미 좋은 아빠십니다."

제 대답을 듣고 감사하다며 자리에 앉는 그 분의 눈에 눈물이 맺히는 것을 보았어요. 저에게도 참 감사한 시간이었지요.

좋은 아빠가 되고 싶으시죠? 그 마음이 있으신 것만으로도 좋은 아빠이십니다. 더 좋은 아빠가 되기 위해서 이렇게 책을 읽으시는 사실만 봐도 알 수 있어요.

이미 충분히 좋은 아빠이십니다.

사랑하는 아빠가
나를 곁에서 따뜻한 시선으로 지켜봐 주고
진심으로 응원해 준다는 사실은
그 어떤 능력이나 조건보다 좋은 건가 봐.

아니,
그것이 아버지의 진짜 능력인가 봐.

2부

가정과 생활을 위한,
포옹기도

오늘도 사랑해

핑크색을 좋아하고 늘 드레스만 입으려고 하는 꼬마
가 있어. 그 꼬마의 이름은 '엘레나'야. 엘레나는 그림
그리기를 좋아해서 피카소처럼 훌륭한 화가가 되는
게 꿈이래. 그림 그리는 것 만큼 아기들을 좋아해서
좋은 엄마가 되고 싶다는 꿈도 있지. 엘레나는 그렇게
평범한 여자아이야.

그런데 엘레나가 여섯 살이 되던 해에 평범하지
않은 일이 일어났지. 몸이 잘 움직이지 않고 목소리
도 잘 나오지 않는 거야. 병원에 갔더니 의사 선생님
은 엘레나가 '뇌종양'이라는 병에 걸렸다고 했지. 그리
고 앞으로 135일 정도만 살 수 있다고 했어. 엘레나의
부모님은 그 사실을 엘레나에게 알릴 수 없었어. 그
저 엘레나가 하고 싶다는 일을 함께 해주었지. 운전하
기, 돌고래랑 놀고 수상스키 타기, 아빠와 데이트 하

기……. 엘레나는 그저 행복했어.

하지만 점점 말을 거의 못하게 되었고 하고 싶은 말을 그림으로 대신 전해야 했지. 서 있을 수도 없어서 휠체어에 몸을 의지해야 했어. 하지만 가족들과 함께할 수 있으니 괜찮다고 말했어. 가족들도 그랬어. 엘레나와 함께 할 수 있는 날이 얼마 남지 않았다는 사실이 사실이 아니기를 바라면서 말이야. 하지만 점점 인정할 수 밖에 없었지. 엘레나의 몸은 하루가 다르게 굳어갔거든.

가족들은 엘레나에게 특별한 매일을 선물하고 싶어서 함께 여행을 하고 사진을 찍고 가족일기를 썼어. 그렇게 살 수 있다는 135일이 지나고 200일도 지났지. 하지만 255일이 지나고 엘레나는 결국 하늘나라로 떠났어. 그리고 얼마 후에 가족들은 집안 곳곳에서 엘레나의 사랑을 발견했어. 엘레나가 가족들에게는 비밀로 집안 곳곳에 수백 통의 편지를 숨겨 놓았던 거야. 가족들은 엘레나가 떠난 후에 그 편지들을 발견하게 되었지. 편지에는 가족들을 향한 사랑고백이 담겨 있었대.

"엄마, 사랑해."

"아빠, 사랑해."

"동생 그레이스, 사랑해."

엘레나는 그저 사랑한다는 말을 하고 싶었나 봐.

엘레나가 아무리 많은 편지를 남겨놓았다고 해도

사랑한다는 마음을 다 표현하지는 못했을 거야.

사랑하는 마음은

어떤 말로도 표현할 수 없을 만큼 클테니까.

하지만 그 수백 통의 편지에 담긴 표현은 가족들의 마음에

따듯한 난로를 선물했을 거야.

사랑한다는 말에 사랑을 다 담을 수는 없지만

사랑에 담긴 따뜻함을 전달해줄 수는 있는 거니까.

우리 가족의 마음에는

매일 따뜻한 난로가 켜졌으면 좋겠어.

사랑한다.

오늘도 사랑하고 내일 더 많이 사랑할게.

° **포옹기도**

우리 마음에 매일 난로를 선물하시는 하나님,
매일 감사하지 못해 죄송합니다.
매일 사랑하지 못해 더 죄송합니다.

하나님이 주신 사랑을 전달하는 일을
참 자주 잊고 사는 것 같아요.

하나님이 사랑하라고 주신 우리 가족에게도 말이에요.
그래서 더욱 죄송합니다.

오늘도 내일도,
매일 함께하는 그 날까지,
아니 천국에 가서도,
매일 사랑하는
우리 가족이 되었으면 좋겠습니다.

사랑하기에도 모자란 날들을
사랑으로 채우며 살았으면 좋겠습니다.

그럴 수 있도록 노력할게요.
사랑합니다, 하나님.

° **매일, 한마디 축복**

오늘도 사랑해.

네가 할 수 있는 걸 하면 돼!

유명한 야구 선수, 클레이튼 커쇼. 그는 미국 메이저리 그 LA다저스 팀의 에이스 투수야. 스무 살에 메이저리 그에 입성한 그는 최고의 실력을 가졌어. 투수 3관왕 에 올라 최고 투수에게 수여하는 상을 타기도 했지.

그러나 그가 유명한 건 실력 때문만이 아니야. 그 의 선행 때문이지. 그는 청소년 시절에 우연히 텔레비 전을 통해 아프리카의 모습을 보게 돼. 냄새가 나서 걷기도 힘들 것 같은 지저분한 거리 위에 맑은 눈망 울을 가진 아이들이 있었어. 커쇼는 그 아이들의 눈 망울을 잊을 수 없었지.

그리고 5년 후 아프리카 잠비아로 단기 선교를 떠 나게 되었어. 거기에서 호프라는 여자 아이를 만나게 되었지. 커쇼가 기억하는 맑은 눈망울을 가진 아이였지만 아이의 삶은 눈망울처럼 맑지는 않았어. 호프는 고아였고 에이즈란 병에 걸려 있었지. 희망이라는 뜻의 이름을 가진 호프는 희망을 가질 수 없는 상황이었어. 그리고 잠비아에는 그런 아이들이 참 많았지.

아이들을 돕고 싶었던 커쇼는 좌절했어. 자신의 도움이 아이들의 현실을 바꿀 수 없다는 사실을 깨달았거든. 하지만 그렇다고 그저 보고 있을 수만은 없었어. 아이들을 위해 자신이 할 수 있는 걸 하고 싶었지.

몇 년 후 커쇼는 아내와 함께 잠비아를 다시 찾아갔어. 신혼 여행지로 잠비아를 택한 거야. 그리고 그곳에 작은 고아원을 세웠지. 고아원의 이름은 '희망의 집'. 커쇼는 아이들에게 희망이 있다고 말해주고 싶었어. 커쇼는 비시즌 때마다 아내와 함께 잠비아를 찾아가 희망의 집에서 아이들과 함께 생활해. 그리고 자신이 할 수 있는 방법으로 그 곳의 아이들을 위해 기부를 해. 이름하여 '탈삼진 기부'. 탈삼진 한 개당 커쇼는 500달러씩, 그의 스폰서는 100달러씩 기부를 하는 거야. 커쇼의 이런 선행에 감동을 받은 팬들도 커쇼가 삼진을 잡을 때마다 기부를 하고 있지.

현실이나 상황을 바꿀 수는 없을지도 몰라.
하지만 너의 생활 속에서 네가 할 수 있는 걸 하면
희망이 필요한 누군가에게 희망을 줄 수 있고
예상보다 훨씬 더 놀라운
희망의 릴레이가 이어질 수도 있어.

할 수 없다고 주저앉지 말고
할 수 있는 걸 찾아보자.

할 수 있는 걸 할 수 있는 만큼 하며
적극적으로 살아보자.

그런 삶은 누군가에게 희망을 줄 수 있고
그 이전에 너의 생활을 희망차게 이끌어 줄 테니까.

포옹기도

희망이 되시는 주님,

우리는 때로 주저앉습니다.

아무 것도 할 수 없다고

불평하고 주저앉고 짜증을 냅니다.

하지만 그런 상황에서도

주님을 발견하고

주님이 주신 생명의 빛을 느낀다면

다시 일어설 수 있지요.

그럴 때마다 그렇게

다시 일어나 걸을 수 있게 해주세요.

주저 앉기 전에도 주님을 보고

희망을 잃지 않게 하시고

주저 앉게 되더라도 주님을 바라고

희망을 갖게 해주세요.

매일, 한마디 축복

하나님이 주신 보물! 너는 이 세상의 희망이야.

같이 밥 먹자

가족이 함께 밥을 먹는 건 참 즐거운 일이야. 아빠는 서로의 얼굴을 보고 이야기를 나누며 밥을 먹으면 밥알들도 즐거워하는 기분이 들던데? 반찬들은 어떠냐고? 반찬들은 까르르 까르르 웃을 걸? 그런 웃음 소리 못 들었다고? 네가 아빠랑 얘기 하느라고 그런 거야. 잠시 이야기를 멈추고 귀 기울여 보면 들을 수 있을 거야. 가족이 함께 밥을 먹는 건 반찬도 웃을 만큼 기쁜 일이니까. 그런데 그건 즐겁고 기쁘기만 한 게 아니래. 너에게 도움을 주는 일이기도 한다던데?

영국 런던의 미들섹스 대학 심리학 연구진이 "가족들만의 오붓한 저녁식사 시간을 자주 가질수록 자녀의 사회성이 향상된다"는 연구결과를 발표했거든. 연구진은 6~11세 사이 아동들을 대상으로 그들의 수업 태도, 사회성, 친화력 등을 조사했는데 일주일에 4번

화목한 가족 저녁식사 시간을 가진 아이들일수록 학교에서의 학습태도와 사회성이 높게 측정되었다는 거야. 그러니까 상대방의 감정을 이해하고 타인과 잘 어울리는 사회성이 좋아지기를 바란다면 가족이 함께 저녁식사를 하라는 거야.

연구진의 말에 따르면 말이야. 가족이 함께하는 저녁식사는 가족 간의 삶을 자세히 확인할 수 있는 기회이고 서로 이야기를 나누며 자식들은 부모의 언어적, 사회적 능력을 배우게 되는 귀한 자리래.

가족이 밥을 먹는 건 기쁘고 즐거운 일이지.

그런데 좋은 효과까지 있다니

더욱 자주 함께 밥을 먹어야겠는걸?

서로 이야기하며

밥을 꼭꼭 씹어 먹자.

그러다 보면 들을 수 있을 걸?

우리 가족에게 행복이 굴러오는 소리를…….

° 포옹기도

우리에게 일용할 양식을 주시는 하나님,

참 감사합니다.

요즘 우리나라 사람들은 각자 바빠

가족끼리 함께 밥을 먹는 시간을 내기도 힘들다고 합니다.

우리나라 사람들이 행복한 저녁을 되찾기를 원합니다.

가족이 모여 밥을 먹으며 이야기를 나누는 일이

특별한 일이 아니라 아주 평범한

매일 어느 가정에서나 일어나는 일이기를 원합니다.

우리 가족도 자주 함께 밥을 먹으며

마음의 창문을 열고

서로의 삶을 들여다 보며

함께 기뻐하고 함께 슬퍼할 수 있기를 원합니다.

양식을 채워 주시는 주님의 손길에 감사하며

오늘도 맛있게 잘 먹겠습니다.

° 매일, 한마디 축복

같이 밥 먹으며 행복하자.

사이좋게 지내는 방법

여기는 병원이야. 무슨 병원이냐고? 배가 남산 만하게 나온 아주머니들이 많이 있어. 배가 왜 그렇게 나왔냐고? 배 속에 아기가 들어있거든. 배 속에 있는 동생을 사진으로 보려고 함께 온 언니와 오빠도 보이는데? 아저씨들의 목소리도 들려. 배 속 아가의 아빠냐고? 응, 맞아. 그런데 여기는 소아과도 아니고 종합병원도 아니야. 그럼 어디냐고? 산부인과 병원이지. 왜여기에 왔냐고? 오늘 이야기의 주인공이 아직 배 속에 있거든. 하지만 벌써 이름이 있어. 메이슨의 엄마가 이름을 미리 지어주었거든. 이제 이름이 뭔지 알겠지? 응, 맞아. 메이슨이야.

"의사 선생님! 메이슨은 좀 어떤가요?" 메이슨의엄마가 걱정스런 얼굴로 물었어. 사실 메이슨은 건강하지 않아. 심장에 구멍이 나 있고 뇌도 잘 자라지 않았거든. "매들린은 건강하게 잘 자라고 있는데, 메이슨은 건강하게 자랄 수 있는 확률이 별로 없습니다." 의사 선생님은 말했어. 그런데 매들린이 누구냐고? 배 속에 함께 있는 메이슨의 쌍둥이 누나야. 의사 선생님의 말을 들은 엄마의 눈에 눈물이 고였지.

그 때 의사 선생님이 초음파 사진을 내밀었어. "그래도 힘을 내세요. 매들린이 메이슨을 잘 보호하고 있는 모양입니다." 엄마는 사진을 들여다 보았지. 그리고 의사 선생님을 말을 이해할 수 있었어. 메이슨이 조그마한 손으로 누나 매들린의 손가락을 꼭 쥐고 있었거든. "쌍둥이는 서로 발로 차거나 때리는 모습이 찍힐 때가 많이 있는데 매들린과 메이슨은 사이가 아주 좋아보이죠?" 엄마는 고개를 끄덕였어. 그리고 집에 와서 쌍둥이의 아빠와 함께 기도했대. 매들린과 메이슨이 함께 건강하고 사이좋게 잘 태어나기를 위해서 말이야.

매들린과 메이슨이
손을 꼭 잡고 있는 모습을 떠올리니
정말 감동이 밀려온다.

그리고
우리가 이렇게 이야기를 나누고
함께 기도하고
손을 잡을 수 있다는 사실이
정말 감사함으로 다가오네.

매들린과 메이슨이
우리에게 '사이좋게 지내는 방법'을 알려준 것 같아.
특별한 방법은 없다고
서로 손을 꼭 잡고
서로를 응원하며
서로에게 힘이 되어주면 된다고 말이야.

° 포옹기도

저희의 손을 꼭 잡아주시는 하나님,
저희에게 힘이 되어주시는 하나님,
어쩌면 메이슨보다 저희의 심장이
더 아픈 건지도 모르겠습니다.

'고물심장'이라는 찬양은 이렇게 시작해요.

느리고 또 약해서 아무것도 할 수 없는
내 심장이 당신을 만나 사랑으로 움직이죠.

이 가사처럼
저희는 하나님이 없으면 아무 것도 할 수 없는데
그 사실을 잊고
무엇보다 하나님이 주신 가족과
사이좋게 지내지 못할 때가 많습니다.

그 사실을 깨닫고 회개하며
사이좋은 가족이 되었으면 좋겠습니다.

특별하진 않아도 서로의 손을 잡아주며
매들린과 메이슨처럼 서로에게 힘이 되었으면 좋겠습니다.
그렇게 하나님의 사랑을 닮은 가족이 되었으면 좋겠습니다.

° 매일, 한마디 축복

우리 오늘도 사이좋게 지내자.

거짓말은 부끄러워

어느 숲속 나무 꼭대기에서 매미가 노래를 부르고 있었어. 그 노래는 숲속 전체에 울려 퍼져 동물들의 발걸음을 멈추게 했지. 노랫소리가 이슬처럼 맑고 들꽃처럼 아름다웠거든. 모든 동물들이 노랫소리에 집중을 했어. 여우만 빼고 말이야.

먹을 거리를 찾아다니던 여우는 노랫소리를 듣고 "저 목소리는 한 입에 꿀꺽할 수 있는 매미 아니야?"라고 말했어. 그리고 노랫소리가 나는 쪽으로 성큼성큼 다가갔지. 여우는 매미가 앉아있는 나무 앞에 도착해서 말했어.

"매미야! 너의 노랫소리는 언제 들어도 아름다워. 어쩌면 그렇게 아름다운 목소리를 가졌니?"
"와! 그렇게 칭찬을 해주다니 고마워!"

"그런데, 매미야! 난 네 노랫소리를 좀 더 가까이서 듣고 싶어. 나무 아래로 한 번만 내려와서 노래를 불러주면 안 되겠니?"

매미는 여우의 부탁을 들어주려다가 생각했어. '여우를 의심하는 건 미안하지만 무슨 속셈이 있을지도 몰라. 저번에도 여우는 내 친구를 잡아 먹었잖아. 나한테 이렇게 친절할 리가 없어.' 매미는 나뭇잎 하나를 따서 떨어뜨려 보았어. 여우는 나뭇잎을 매미라고 착각하고 잽싸게 낚아챘어. 그리고 입에 넣고 오물거리다가 화를 냈지.

"뭐야! 나뭇잎이잖아!"
"매미인지 나뭇잎인지 구분도 못하는 여우가 내 노래가 좋은지 나쁜지 구분은 되니?"

매미의 말에 여우는 마음 속에 있던 부끄러움이 불쑥 튀어나오는 걸 느꼈어. 여우는 붉어진 얼굴로 숲을 떠났지. 그 이후로도 여우는 창피해서 그 숲에 다시는 나타나지 못했대.

매미가 바로 내려가지 않은 게 천만다행이다, 그치?

참 지혜로운 매미야.

여우는 얼마나 부끄러웠을까?

그렇게 작은 매미에게 당했으니 말이야.

거짓말은 마음속에 있는 부끄러움을

불쑥 튀어 나오게 하는 일이라는 걸 기억하자.

여우처럼 창피해서

도망가는 일이 없도록 말이야.

° 포옹기도

가끔 생각하게 돼요, 하나님.

하나님에게 부끄러운 자식이 되면 안 되겠다고요.
제 아이가 저에게는 참 자랑스러운 아이인 것처럼
하나님께는 제가 자랑스러운 아이였으면 좋겠다고요.

가끔 바라게 돼요, 하나님.

하나님처럼 좋은 아버지가 되고 싶다고요.
하나님이 저에게 좋은 아버지인 것처럼
저도 아이에게 좋은 아버지면 좋겠다고요.

자주 고백하게 돼요, 하나님.
이렇게 멋진 녀석을 우리 가정에 주셔서 참 감사하다고요.
하나님이 저에게 참 많은 선물을 주셨지만
이 녀석은 정말 최고의 선물이라고요.

오늘도 기도해요, 하나님.
우리가 서로에게 자랑스러운 사람이 되기를 바란다고요.
우리 서로 부끄럽지 않게
거짓말 하지 않고 정직하게 세상을 살아가고 싶다고요.

° 매일, 한마디 축복

아빠는 네가 참 자랑스러워!

아버지의 진짜 능력

희웅이네 엄마, 아빠는 걱정이 많았대. 희웅이가 8살밖에 되지 않았는데 고등학교 화학 교과서를 볼 정도로 화학을 좋아했거든. 그게 왜 걱정이냐고? 희웅이네 엄마, 아빠는 청각장애를 가졌거든. 희웅이가 공부를 많이 하고 싶어하는데 청각장애 때문에 많은 도움을 주지 못 할까 봐 염려했던 거야. 영재들을 찾아 방송하는 프로그램에서 희웅이에게 출연 제의가 들어왔을 때도 걱정이 되었대. 희웅이의 부모가 청각장애인이라는 걸 많은 사람들이 알게 되면 희웅이가 놀림을 받을지도 모른다고 생각이 들었던 거야.

하지만 희웅이에게 도움이 되기 위해 용기를 내고 출연을 했어. 방송에 나온 희웅이는 사람들이 이해하기 쉽게 화학에 대해 설명할 수 있을 만큼 원리를 잘 파악하고 있었지. 그리고 열심히 설명하는 희웅이의 입모양을 보고 알아듣기 위해서 엄마는 희웅이에게 집중하고 있었어. 희웅이가 한 시간이 넘게 설명을 해도 엄마는 희웅이에게 눈을 맞추고 설명을 들었지. 희웅이의 얘기가 끝나자 엄마는 참 잘했다며 박수를 쳤어. 희웅이 엄마는 희웅이에게 해줄 수 있는 것이 잘 들어주는 것 밖에 없다고 말하며 미안한 표정을 지었지.

곧이어 희웅이가 영재인지 알아보는 검사를 했는데 최우수 영재라는 결과가 나왔어. 그 다음은 희웅이의 영재성에 부모님이 어떤 영향을 미쳤는지에 대해 검사했어. 희웅이의 엄마, 아빠는 떨리는 마음으로 검사를 시작했지. 아이가 공부를 하는데 얼마나 긍정적으로 지지해 주고 바라봐 주었는지, 따뜻한 표현들은 잘 해주었는지 등을 알아보는 검사였어.

결과는 희웅이 엄마 100점. 아빠 95점. 정말 최고의 점수였어. 엄마는 1000명 중에 한 명, 아빠는 2000명 중에 한 명 나올까 말까한 점수를 받은 거야. 무엇보다 아빠가 90점이 넘는 경우는 정말 드물대. 희웅이의 엄마, 아빠는 눈시울이 촉촉해졌지. 희웅이

에게 해줄 수 있는 것이 별로 없었는데 그 동안 잘하
고 있었다는 사실이 정말 큰 위로가 되었을 거야.

사랑하는 가족이
나를 곁에서 따뜻한 시선으로 지켜봐 주고
진심으로 응원해준다는 사실은
그 어떤 능력이나 조건보다 좋은 건가 봐.

아니,
그것이 아버지의 진짜 능력인가 봐.

희웅이의 엄마도 그렇지만
아빠는 희웅이의 아빠가 얼마나 기뻤을지
더 공감이 된다.

아빠가 아빠여서 그런가 봐.

아빠도 희웅이 아빠처럼
너의 이야기를 잘 들어주고
너의 편이 되어주어야 할텐데……
많이 부족하지만 더 많이 노력할게.

° **포옹기도**

사랑의 하나님,

희웅이의 부모님 이야기를 들으며

아버지의 마음이 느껴지네요.

묵묵히 바라봐 주고

이야기를 들으며

칭찬과 박수를 아끼지 않는 모습이

아버지의 모습을 떠올리게 하네요.

그 마음 닮아 아이에게 눈 맞추고

그 모습 닮아 아이에게 힘을 실어주는

아빠가 되고 싶습니다.

아직 많이 부족하니

아주 많이 노력해야겠습니다.

매일 노력해도

아버지의 모습과 마음을 다 닮을 수는 없겠지만

최대한 많이 닮아가고 싶습니다.

° **매일, 한마디 축복**

오늘도 널 응원하고 축복해!

세 아들이 찾은 보물

아주 먼 옛날에 아주 부지런한 농부가 살고 있었어. 농부의 아내는 세 아들을 낳고 먼저 하늘로 떠났지. 농부는 혼자서 세 아들을 키우느라 고생했어. 하루도 쉬지 않고 뻘뻘 땀을 흘리며 포도밭을 일구었어. 그런데 세 아들은 아버지를 도울 생각을 하지 않았지. 사람들은 세 아들을 한심한 눈빛으로 쳐다보며 말했어.

"아버지가 늙고 병들었는데도 저렇게 일을 안 하니 어쩌면 좋아?"
"그러게 말이에요. 아버지가 돌아가시면 뭘 먹고 살려고 저러는지……."

사람들은 세 아들을 걱정했고 누구보다 아버지가 가장 많이 걱정했지. 자리에 누웠다가도 아들들만 생각하면 벌떡 일어나서 한숨을 쉬곤 했어. 아버지는 몇 날 며칠을 고민하다가 아들들을 불러 말했어. "아들들아! 보물이 묻혀 있는 곳을 알려주려고 너희들을 불렀다." 세 아들은 눈이 휘둥그레졌지. 아버지는 포도밭에 보물을 묻어 놓았으니 나눠 가지라고 했어.

그리고 며칠 후에 아내가 있는 하늘로 떠났지. 아들들은 아버지 장례를 치른 후에 포도밭으로 달려갔어. 밭은 생각보다 무척 넓었지. 세 아들은 매일매일 열심히 땅을 팠지. 하지만 보물은 나오지 않았어. 큰아들이 말했지.

"아버지가 거짓말하신 거 아닐까?"
"아니야. 아버지는 거짓말 안 하셔."

막내 아들은 이렇게 말하고 다시 열심히 땅을 파기 시작했어. 큰 아들과 둘째 아들도 다시 땅을 파기 시작했지. 하지만 여전히 보물은 나오지 않았어. 여름이 다가오자 포도밭에는 크고 맛있는 포도가 열렸지. 둘째 아들은 포도를 보며 불평했어.

"뭐야. 보물은 안 나오고 왜 포도만 열려?"

"형들! 이게 보물인가 봐. 아버지가 말한 보물이 이렇게 탐스러운 포도인 것 같아. 아버지가 땅을 파면 보물이 나온다고 했는데 우리가 땅을 파서 포도가 열린 거잖아."

막내 아들이 말했지. 큰 아들과 둘째 아들은 고개를 끄덕였어. 그리고 어떻게 되었냐고? 세 아들은 포도밭을 가꾸며 사이좋게 오래오래 살았지, 뭐.

참 다행이야.
아버지가 말한 보물이 무엇인지
세 아들이 결국은 깨달아서 말이야.

아빠는 네가
이야기 속에 나오는 포도같은 보물을
많이 얻었으면 좋겠다.

땀 흘리고 노력해서 얻은 것이야말로
진정한 보물일테니까.

° **포옹기도**

하나님,
땀 흘려서 일하고
일해서 얻은 것을 가족과 나눌 수 있음은
정말 큰 행복입니다.

일을 하다 보면
가끔은 너무 힘이 들고
가끔은 실망도 되지만
일하고 돌아와 가족들을 만나는 기쁨을 떠올리면
힘겨움과 실망도 거뜬히 이겨낼 수 있습니다.

저도, 우리 아이도
땀 흘리고 노력해서 포도같은 보물을 얻으며
가족과 함께 누리며 살기를 바랍니다.

부족하다고 불평하기 보다 주어진 것에 감사하며
우리만 생각하기 보다 나눌 수 있는 기쁨을
알아가며 살기를 바랍니다.
언제나 감사하고 사랑합니다. 하나님.

° **매일, 한마디 축복**

오늘도 감사하고 사랑하며 살자.

아침을 바꾸는 생각

오래 전부터 아침에 대한 중요성을 얘기하는 사람은 많았어. '아침형 인간', '아침형 학습'이란 말이 등장하기도 했었지. 그 정도로 아침이 중요하다는 말이지. 아침을 일찍 시작하고 아침 시간을 활용하라는 지침이기도 하고…….

그런데 그게 생각보다 어렵지. 이불이 우리를 놓아주지 않았으면 하는 생각이 들 때가 많잖아. 알람 시계가 울리면 5분만 더 자고 싶고 눈을 뜨기 싫어서 짜증을 내기도 하잖아. 그런 아침을 떠올리면 아침이 아무리 중요해도 활기차게 시작하기는 어렵다는 생각이 들어. 그러니까 누가 아침을 활기차게 보내라고 하면 맞는 얘기인 것 같다는 생각을 하면서도 눈살을 찌푸리게 되지. '그러고 싶지만 피곤한데 어떻게 할 수 있겠어?'라는 불평이 떠오르면서 말이야.

그런데 그 불평에 웃으면서 대답하는 사람이 있어. 아침을 활기차게 보내는 건 아주 쉽다면서 그 이야기를 담아 '미라클 모닝'이라는 책을 펴낸 할 엘로드라는 사람이야.

그는 우리가 피곤하거나 잠을 조금 자서 아침에 힘든 게 아니라고 말해. 잠들기 직전에 내일 아침에 힘들 걸 생각하고 잠들어서 그렇다는 거야. 잠들기 직전에 한 생각이 다음날 아침에 눈을 뜨는 순간 그대로 이어진다는 말이지. 소풍 가기 전 날에 친구들과 즐겁게 놀 생각을 하고 잠이 드니까 아침에 눈이 번쩍 떠지는 거 있잖아. 우리가 알람을 확인할 때는 그런 마음이 아니라는 거야. 벌써 시간이 이렇게 되었냐고, 몇 시간 밖에 못 잤다고 수면 시간을 계산하며 투덜댄다는 거야.

할 엘로드는 잠들기 전에 행복한 아침을 상상하고 눈을 뜨는 게 기다려질 만한 활동으로 아침을 채워야 한다고 말해. 그리고 직접 그렇게 실천하고 매일 아침에 뭘 했는지 페이스북과 블로그에 올렸어. 그를 따라하는 사람들이 점점 늘어났고 그의 이런 활동은 무슨 캠페인처럼 미국 전역에 번졌지. 그는 가장 중요한 시작은 한 해의 시작, 한 회사의 시작보다 하루의 시작이라고 말하며 지금도 활기찬 아침을 맞이하고 있어.

어때?
아빠는 그의 말을 들으니 공감이 되네.

예를 들어서 내일이 생일이라면 말이야.
가족들의 축하를 받을 생각에
설렌 마음으로 잠이 들 거고
그럼 아침에 눈을 뜨면서도 행복할 거 같아.

우리도 한 번 실천해 볼까?
음……
내일 아침에 아빠가 널 안고 뽀뽀하며
"사랑하는 우리 보물, 일어나자!"하고 말해주면 어때?

그러면 네가 눈 떠서
"아빠, 사랑해!"하고 답해주는 거야.
그 장면을 상상하면서 오늘 잠자리에 들자.
그럼 적어도 내일은
알람을 짜증내며 끄지는 않을 거 같은데?
진짜 그럴지는 내일이 되어야 알 수 있겠지만
그럴 수 있게 기대해 보자!

° 포옹기도

우리에게 아침을 허락하신 하나님,
반성하며 기도 드립니다.

우리의 아침에 감사하지 못했고
짜증과 불평으로 아침을 시작하기도 했고
눈 뜨는 것에 감사하기 보다는
더 잘 수 없다는 사실에 슬퍼했습니다.

아침을 다시 시작할 수 있다는 것이
매일 우리에게 아침이 온다는 것이
얼마나 기쁜 일인지 새삼 깨달았습니다.

내일 아침이 갑자기 축제처럼 다가오지는 않더라도
하나님께서 매일을 축제로 주셨다는 마음으로
기쁘게 시작할 수 있도록 노력하겠습니다.

아침을 주셔서 감사하고
아침에 사랑하는 우리가 함께여서 감사합니다.
아주 많이 감사합니다.

° 매일, 한마디 축복

오늘도 행복한 하루를 보내자.

너를 통해, 우리 가정을 통해

사이먼 비치라는 아이가 있었어. 태어날 때부터 작았고 나이가 들면서도 크지 않았지. 사이먼은 왜소증이라는 병을 앓고 있어서 키가 자라지 않았거든. 아이들은 사이먼을 난쟁이라며 놀렸지. 게다가 사이먼은 생각도 행동도 엉뚱해서 '사고뭉치', '말썽꾸러기'라고 불렸어.

하지만 사이먼은 믿었어. 자신을 통해 하나님이 계획하시는 특별한 일이 이루어질 거라는 걸. 잘하는 것이라고는 '물속에서 오래 참기' 밖에 없었는데 말이야. 사람들은 비웃었지만 하나님은 흐뭇하셨나 봐. 사이먼을 통해 정말 특별한 일을 이루셨거든.

사이먼이 교회 겨울캠프를 다녀오는 길이었어. 사이먼과 친구들이 탄 버스가 갑자기 나타난 사슴을 피하려다 강에 빠져버렸어. 아이들은 무서워서 떨었고 버스는 점점 물속으로 들어갔지. 사이먼은 친구 조와 함께 친구들을 진정시키고 구조하기 시작했어. 그리고 마지막 한 명이 버스 안에 남았지. 발이 걸려서 빠져 나오질 못한 거야. 사이먼은 그 친구를 구하려고 다시 들어갔어. 사이먼이 잘하는 것이라고는 '물속에서 오래 참기' 밖에 없었는데 말이야. 그것이 빛을 발하는 순간이었지. 물속에서 오래 참으며 나머지 한 명의 친구를 구할 수 있었으니까 말이야.

그런데 그 친구를 구하고 사이먼이 빠져나오려는 순간 버스가 더 깊은 물속으로 빠져버렸어. 결국 사이먼도 구조되었지만 위독했지. 그리고 얼마 후 영영 하늘나라로 떠나 버렸어. 하지만 사이먼은 알 수 있었지. 자신의 믿음대로 하나님은 자신을 통해 특별한 일을 이루셨다는 것을…….

작고 작은 사이먼을 통해

크고 놀라운 일이 일어났네.

사고뭉치 사이먼이

많은 친구의 생명을 구했잖아.

결국 사이먼은 하늘로 떠났지만

친구들도 알았을 거야.

사이먼이 얼마나 대단한 일을 했는지.

그리고 사이먼의 믿음이 얼마나 대단했는지...

아빠는 믿어.

너를 통해

하나님이 특별한 일을 이루실 거라는 걸.

우리 가정을 통해

하나님의 일을 이루실 거라는 걸.

° 포옹기도

놀라운 계획을 하고 계시는 주님,
기대하는 마음으로 기도드립니다.

우리 아이를 위한 하나님의 놀라운 계획을,
우리 아이를 통해 하나님의 계획이 이루어질 것을
기대하고 기도합니다.

또한 우리 가정을 위해서도 기도드립니다.
우리 가정을 통해 하나님의 일이 일어나기를
우리 가정을 위한 하나님의 계획을 신뢰하며 기도합니다.

작고 연약한 우리 가정이지만
하나님의 도구가 되어
하나님의 길을 가기를 원하고 바랍니다.

우리 아이를 통해
우리 가정을 통해 이루실 하나님의 일을
기대하고 기다리며 기도합니다.

° 매일, 한마디 축복

너를 통해 하나님이 크고 놀라운 일을 이루실 거야.

꿩의 마음을 알겠어

오늘은 속담에 대한 이야기를 해주려고 꿩에 대한 속 담 두 가지를 준비했어. 먼저 '꿩 대신 닭'이라는 속 담! 적당한 것이 없을 때 비슷한 것으로 대신한다는 뜻이야. 이 속담이 어떻게 생겨났는지 이야기해 줄게.

설날 아침에 떡국을 끓여 먹잖아. 지금은 보통 소 고기로 국물을 우려내는데 옛날에는 꿩고기로 국물 을 우려내서 떡국을 끓였대. 그런데 꿩고기가 귀해서 다른 고기로 대신할 때가 많았지. 무슨 고기냐고? 속 담에 답이 있잖아. 그래, 닭! 닭고기로 국물을 우려냈 대. 그래서 '꿩 대신 닭'이라는 속담이 생겨난 거지.

또 얘기해 줄 속담은 '꿩 먹고 알 먹고'야. 한 번에 두 가지를 다 얻는 경우를 뜻하는 말이지. 이 속담도 어떻게 생겨났는지 이야기해 줄게.

농부 아저씨가 논두렁에다 쥐불을 놓았어. 쥐불이 뭐냐고? 농작물에 피해를 주는 쥐와 해충을 없애기 위해서 논두렁이나 밭두렁에 불을 놓는 거야. 이제 알겠지? 그럼 다시 이야기해 줄게. 농부 아저씨가 쥐불을 놓고 불이 꺼지고 나서 논을 살폈더니 꿩이 죽어있는 거야. 농부 아저씨는 신이 났지. 꿩을 먹을 수 있게 되었으니 말이야. 그런데 자세히 보니 꿩이 뭔가를 품고 죽어있는 거야. 그게 뭐였냐고? 바로 꿩의 알이었어. 알을 보호하느라 도망을 가지 못한 거지. 꿩은 원래 작은 소리에도 민감한 동물이라 불이 나자마자 알았을 거야. 하지만 자신의 알들을 두고 혼자서 갈 수는 없었던 거지.

아빠는 꿩의 마음을 알 것 같아.

자식을 두고 혼자서 도망갈 수는 없었을 거야.

많이 뜨겁고 아팠겠지만

온 힘을 다해 알들을 품을 수 밖에 없었을 거야.

자식이 아프면 대신 아프고 싶고

자식이 슬프면 같이 슬프고

무슨 일이 있어도 자식을 보호하고 싶은 게

부모의 마음이거든.

포옹기도

아버지,

당신의 마음을 부모가 되어서 조금 더 알게 되었습니다.

아이의 아픔이 고스란히 제 마음에 전달되는 걸 느끼면서

제가 아플 때 얼마나 아프셨을까 하는 생각도 들고

아이가 웃으면 함께 웃는 저를 보면서

제가 기쁜 일이 있을 때 아버지도 함께 기쁘셨겠구나 하는

생각도 했습니다.

아마 부모가 되지 못했다면 이런 마음들을 몰랐거나

알아도 지금 보다 훨씬 적게 알았을 것 같다는

생각도 했습니다.

아버지를 기쁘게 하는 가정이 되기를 기도합니다.

하지만 바람과 달리

아버지를 슬프게 하는 일도 있겠지요.

그러고 싶지 않지만

그런 일이 있을 때도 참 든든할 것 같습니다.

같은 마음으로 아픔을 품어주시는 아버지가 계시니까요.

제가 느끼는 든든함을

우리 아이도 함께 느꼈으면 좋겠습니다.

매일, 한마디 축복

두려워 하지마. 아빠가 있잖아.

지혜로운 기도

미국 역사상 가장 존경받는 지도자로 평가받고 있는 에이브러햄 링컨. 링컨은 미국의 16대 대통령이야. 남북전쟁을 승리로 이끈 대통령이기도 하지. 링컨이 대통령이 된 후 남북전쟁이 시작되었거든. 링컨이 이끌고 있는 북군이 처음에는 불리했지만 케터즈버그 전투에서 이기는 것을 시작으로 전세를 역전시켰지. 링컨은 노예해방선언으로 여론을 유리하게 이끌었고 남군이 항복하면서 전쟁이 끝났어.

아빠가 지금 해줄 이야기는 전쟁이 끝나기 전 북군이 불리한 상황이었을 때 있었던 일이야. 링컨 대통령은 전쟁이 시작되어 같은 민족끼리 싸워야 하는 현실이 싫고 아팠어. 하루 두세 시간씩 무릎을 꿇고 눈물로 기도했지. 사람들은 링컨이 무슨 기도를 하는지 몰랐어. 그저 전쟁이 끝나게 해달라거나 북군이 이기게 해달라는 내용의 기도일 거라고 생각했지. 사람들은 당연히 북군이 이길 거라고 생각했어. 링컨이 기도를 하기 때문에 그랬냐고? 응, 그것도 그렇지만 북군은 남군보다 병사의 숫자도 월등히 많았거든. 하지만 사람들의 예상은 빗나갔어. 전쟁 내내 북군은 남군에게 지기만 했지. 결국에는 북군이 승리했지만 아무도 그 사실을 예측할 수 없는 상황이었지.

북군의 지도자들은 힘이 쭉 빠졌어. 하지만 링컨처럼 매일 기도하고 있었기 때문에 분명히 승리할 거라 믿으며 링컨에게 말했지. "대통령님, 우리는 하나님이 우리 북군의 편이 되어서 북군이 승리하게 해달라고 날마다 눈물로 기도합니다. 대통령님도 매일 기도하시니 분명히 하나님은 우리의 손을 들어주실 겁니다." 그러자 링컨은 의외의 대답을 했어. "그렇게 기도하지 마십시오."라고 말이야. 지도자들은 눈이 휘둥그레져서 링컨을 보았지. 링컨은 차분히 말을 이었어. "하나님께 우리 편이 되어달라고 기도하지 말고 우리가 항상 하나님 편에 서있게 해달라고 기도하기를 바랍니다."

와, 아빠는 고개를 끄덕이게 되네.

너는 어때?

링컨의 말이 정말 맞아.

우리가 하나님의 편에 있어야지.

하나님은 언제나 옳으시니까.

그런데 자꾸 그 사실을 잊고

우리 편에 서달라고 기도하게 되는 것 같아.

아빠는 반성이 되네.

° 포옹기도

언제나 옳으신 하나님,

주님의 편에 서지 않고

우리의 편이 되어 달라고 기도하지는 않았는지

돌아봅니다.

하나님의 계획을 신뢰하기 보다

우리의 계획대로 되기를 바라지는 않았는지

하나님의 마음에 합하기 보다

우리의 마음대로 하고 싶지는 않았는지

반성합니다.

하나님의 편에 서며

하나님의 계획을 믿고

하나님의 마음에 합한 우리가 되기를 바라며

기도합니다.

° 매일, 한마디 축복

하나님 편에 서기를 바라고 축복해.

특별한 기념품

'크로아티아'라는 나라에 성 마르크 성당이 유명해. 그런데 요즘 그 성당만큼 사람들이 많이 찾는 장소가 있어. 그 곳은 성당과 같은 도로에 위치한 이별박물관이야. 박물관 이름처럼 이별의 사연이 담긴 물품들이 전시되어 있지. 장례식 때 신었던 검정구두, 사랑을 주고 받았을 편지들, 어머니가 하늘로 떠나면서 담긴 유서, 하늘로 떠난 아이의 장난감 등이 있지. 이 박물관을 둘러보며 사람들은 참 많은 생각이 든대. 사랑했던 사람에 대한 기억이 떠올라 추억에 잠기기도 하고, 자신처럼 힘든 이별을 겪은 사람들이 있다는 생각에 공감이 되기도 하지.

전시를 다 보고 나오다 보면 기념품점이 있는데 거기에 참 특별한 기념품이 있대. 이름하여 나쁜 기억 지우개. 연필로 쓴 것을 지우는 보통 지우개에 '나쁜 기억 지우개'라고 써 있는 상품이지. 물론 진짜 기억을 지울 수 있는 건 아니지만 사람들은 그 특별한 기념품을 많이 구입한대.

그것도 공감의 마음 아닐까? 누구나 지우고 싶은 기억 하나 정도는 잊기 마련이니까. 그 지우개를 보며 누구나 그렇다는 생각을 하게 되는 거 같아. 정말 연필로 나쁜 기억에 대해 쓰고 그 지우개로 지워보는 사람도 있겠지? 정말 기억이 지워지지 않는다 해도 왠지 후련한 기분이 들 것 같아. 나중에 우리도 크로아티아로 여행을 가게 되면 그 특별한 기념품을 꼭 사오자.

아빠는 말이야.
너의 마음에 좋은 기억만 쌓였으면 좋겠어.
그런데 그건 불가능한 일일 거야.

사람이 살다 보면
기쁨을 만날 때도 있고
슬픔을 만날 때도 있잖아.

기분 좋은 일이 생길 수 있는 것처럼
기분 나쁜 일이 생길 수도 있지.

너의 마음에 좋은 기억만 쌓이면 좋겠지만
그럴 수 없으니까
나쁜 기억도 너에게 도움이 될 거라고 말해주고 싶어.

그것으로 인해 소중함을 깨닫기도 하고
더 발전하기도 하고
더 사랑하는 계기가 되기도 하거든.

지금은 무슨 말인지 모르겠지?
언젠가 아빠의 말이 이해가 되는 순간이 찾아 올 거야.
그 순간에도 우리가 함께이기를 기도할게.

° 포옹기도

언제나 우리와 함께 하시는 하나님,
하나님이 함께 하신다는 사실을
잊지 않았으면 좋겠습니다.

살다보면 지우고 싶은 기억을 만날 때도 있고
나쁜 기억이 생길 때도 있지만
언제나 하나님이 함께 하신다는 사실을
꼭 기억했으면 좋겠습니다.

알고 있습니다.
그 특별한 기념품을 사지 않아도
기도로 다 말씀드리면
우리의 마음을 괜찮게 해주실 것을요.

괜찮지 않아도 하나님 항상 함께해 주시니
괜찮지 않을 건 하나도 없다는 것을요.

좋은 기억을 쓰는 연필도
나쁜 기억을 지우는 지우개도
하나님이 주시는 사랑 안에 다 포함되어 있음을요.

감사합니다.
항상 함께해 주셔서요.

° 매일, 한마디 축복

좋은 기억으로 쌓이는 오늘이 될 거야.

웃으세요,
당신은 이미 충분히 좋은 아빠입니다.

아이가 아빠에게
예수님이라면 어떻게 하실까?

오늘 이야기에는 그 곳이 나와요. 그 곳이 어디냐고요? 아빠가 맞춰 봐요. 아주 쉽기 때문에 바로 맞출 수 있을 거예요. 내가 열이 나고 아플 때 가는 곳이에요. 어디일까요? 맞아요. 병원이에요. 특별한 병원이냐고요? 아니요. 어느 동네나 있을 법한 평범한 병원이에요.

이 병원에는 의사 선생님이 있어요. 특별한 의사 선생님이냐고요? 아니요. 평범한 의사 선생님이에요. 그런데 특별하기도 하대요. 아주 특별한 습관을 하나 가지고 있거든요. 그게 뭐냐면 환자가 들어오기 전에 1분 동안 혼자 있는 거예요. 원래 환자가 나가면 바로 다음 환자가 들어가잖아요. 그런데 이 의사 선생님은 환자가 나가면 1분 후에 다음 환자를 부르신대요. 이상하죠? 왜 그러냐고요? 물론 이유가 있어요. 1분 동안 다음 환자의 이름을 보고 기도한대요. 예수님의 마음으로 진심을 다해 잘 치료하게 해달라고요. '예수님이라면 어떻게 하실까?' 의사 선생님은 이렇게 항상 생각하신대요. 그리고 컴퓨터에는 이렇게 쓴 메모지를 늘 붙여 놓으셨대요.

'예수님이라면 어떻게 하실까?'

참 좋은 질문인 것 같아요.

그렇죠?

정답을 알 수는 없지만

이렇게 묻고 기도하면 좋겠어요.

지금 예수님이 우리를 보고 있다면

어떻게 생각하실까요?

흐뭇한 표정으로 활짝 웃으실 거예요.

그렇죠?

° 포옹기도

우리를 사랑하시는 하나님,

오늘도 아빠와 함께 행복한 이야기를 나눌 수 있어

감사합니다.

제가 아빠에게 이야기를 읽어줄 수 있는 것도

제가 아빠에게 이야기를 들을 수 있는 것도

큰 축복인 것 같아요.

정말 감사합니다.

아빠랑 저도

이야기 속에 나오는 의사 선생님처럼

'예수님이라면 어떻게 하실까?'라는 질문을 던지며

기도하는 사람이 되었으면 좋겠습니다.

그리고

예수님 닮은 사람이 되었으면 더욱 좋겠습니다.

예수님 닮아가게 해주세요.

° 아빠를 위한, 한마디 축복

예수님 닮은 아빠, 오늘도 사랑해요.

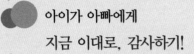

아이가 아빠에게
지금 이대로, 감사하기!

아프리카에 말라위라는 나라가 있어요. 말라위의 아이들이 공부하는 모습이 텔레비전에 나왔는데 사람들은 마음이 참 아팠대요. 7500명이 다니는 초등학교에 교실이 겨우 10개여서 다 교실에 들어갈 수도 없대요. 그럼 어디서 공부하냐고요? 운동장에서요.

교실이 없는 건 선생님들도 마찬가지래요. 선생님들의 교실은 교무실이잖아요. 그런데 교무실이 없어서 선생님들도 운동장에서 쉬고 운동장에서 수업을 준비한대요. 시험을 보면 채점도 운동장에서 하고요.

아이들은 공부를 하고 싶어도 공부를 할 장소가 없으니 학교 계단에 앉아서 공부를 할 때가 많대요. 그러다가 배가 고프면 점심을 기다리는데 점심도 제대로 나오지 않아요. 설탕물과 빵이 점심인데 그것도 못 먹을 때가 많대요.

그런데 사람들이 더 가슴이 아팠던 건 그렇게 좋지 않은 환경에서 공부하면서도 칠판을 뚫어져라 보는 아이들의 눈빛 때문이었대요. 책도 없어 복사지로 공부하고, 밤에는 전기가 없어서 촛불을 켜고 공부하는데 아이들의 눈빛이 반짝거려서요.

아빠,

이 아이들에게 참 미안한 생각이 들어요.

나는 연필도 많고 공책도 많은데

한 번도 그걸 감사하다고 생각한 적이 없거든요.

더 좋은 게 갖고 싶은 적은 많지만요.

지금 이대로 감사하며 살아야 하는데

자꾸 더 욕심만 생겨나는 것 같아요.

연습해야겠어요.

지금 이대로, 감사하기!

° 포옹기도

우리의 필요를 채우시는 하나님,

하나님은 우리에게 참 많은 걸 주셨지요.

하지만

이미 받은 건 잊고 감사하지 않고

더 달라고 기도했던 것 같아요.

죄송해요.

지금 저는 아빠랑 책을 읽고

책도 복사본이 아니고

전기도 환하게 들어오는 집에 있어요.

점심은 밥을 먹고 교실에서 공부해요.

이것만으로도 감사하고 싶어요.

지금 이대로 감사할게요.

° 아빠를 위한, 한마디 축복

오늘도 감사한 하루 보내세요.

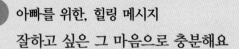

아빠를 위한, 힐링 메시지
잘하고 싶은 그 마음으로 충분해요

"저희 남편이요, 50만원만 더 벌면 좋겠어요." 어떤 어머니가 상담을 오셔서 말씀하셨어요. 저는 이유를 물었죠.

"왜 그렇게 생각하세요?"
"아이 학원이라도 마음 놓고 보내고 싶어서요."

어머니의 마음이 느껴졌어요. 더 비싼 학원은 아니더라도 지금 보내고 있는 학원이라도 마음 편히 보내고 싶은 거죠. 그런데 그 집의 아버지 마음도 느껴지더라고요.

아버지도 어머니와 같은 마음이실 거란 생각이 들었어요. 아버지는 왜 안 그러시겠어요? 본인이 더 많이 벌어서 자식에게 더 잘 해주고 싶으시겠죠.

저는 어머니께 말씀드렸어요. "그 마음 알겠어요. 그런데 어머니! 아버지는 50만원이 아니라 500만원도 더 벌고 싶을 거예요. 그런데 최선을 다해 열심히 일해도 안 되는 걸 어쩌겠어요. 잘 하고 싶은데 잘 안 되는 건 뭐라고 하시면 안돼요. 제일 힘든 사람은 그러고 싶은데 그러지 못하는 자신이거든요." 어머니는 아무 말씀도 못 하시고 눈시울이 붉어져 고개만 끄덕이셨어요.

지금 책을 읽고 계시는 아버님도 그러시죠? 가족을 위해서라면 500만원이 아니라 5000만원도 더 벌고 싶잖아요. 가끔은 그러지 못하는 자신이 한심하기도 하고 그저 실망스럽기도 할 거예요.

그런데요, 잘 하고 싶은 그 마음으로 충분해요. 지금까지 너무 잘 하셨고 앞으로도 잘 하실 거예요. 그런 자신을 격려하고 사랑해주셨으면 좋겠어요.

웃으세요,
당신은 이미 충분히 좋은 아빠입니다.

피카소가 남긴 명언 중에
'그림은 일기를 쓰는 또 다른 방법일 뿐'이라는 말이 있어.
일기를 쓰는 것처럼 그림을 꼬박꼬박 그렸으니까
그런 말을 할 수 있는 게 아닐까?

노력은 사라지지 않아.
집 앞에 쌓인 눈처럼 소복이 쌓이는 거야.

3부

학업과 관계를 위한,
포옹기도

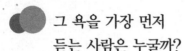

그 욕을 가장 먼저
듣는 사람은 누굴까?

학교에서 생활하다 보면 아무렇지도 않게 욕을 쓰는 경우가 있지? 그런 친구들도 많고 어쩌다 보면 너도 하게 될 때가 있을 거야. 그런데 말이야, 욕을 하게 되면 그 욕을 가장 먼저 듣는 사람은 누굴까? 친구에게 하는 거니까 친구가 가장 먼저 들을 거 같다고? 아니, 그 욕을 가장 먼저 듣는 사람은 욕을 하는 자신이야. 입에서 나오는 말은 귀가 가장 먼저 듣거든. 그리고 뇌로 전달하게 되지.

그럼 뇌는 자신이 한 말로 인해 상처를 받게 된대. 그리고 그 상처는 너의 생각보다 오래 지속돼. 욕은 다른 말보다 4배나 강하게 기억되거든. 게다가 이성의 뇌가 활동하는 것을 막고 감정의 뇌를 강하게 자극한대. 그래서 대화를 하다가도 욕이 나오면 그 전의 말이 기억나지 않고 그 욕만 강하게 기억되는 이유야.

영화를 볼 때도 그렇잖아. 서로 싸우는 장면에서 욕이 나오면 이전의 장면보다 훨씬 강하게 다가오잖아.

더 무서운 건 뭔지 알아? 화를 내고 욕을 할 때는 입에서 갈색의 침전물이 만들어지는데 그 침전물을 모아서 쥐에게 주사했더니 쥐가 죽었대. 말은 어떻게 사용하냐에 따라 사랑이 되기도 하고 칼이 되기도 하나 봐.

아빠는 이야기를 읽으며 다시 한번 생각해 보게 되네.
아빠가 쓰는 말 중에서도 칼이 있지는 않았는지 말이야.
우리의 감정이 그대로 담겨 말로 나가는 경우가 많아서
정말 잘 생각해 보고 말해야 할 것 같아.

사랑만 말하고 싶지만
마음처럼 쉬운 일은 아닌 것 같아.

우리가 하는 말들을 다시 한번 생각해 보자.
상대방에게도 그렇지만
무엇보다 자신이 먼저 듣고
자신의 뇌에 상처를 입히는 말이라면
더욱 신중하게 말을 사용하는 사람이 되자.

아빠도 함께 노력할게.

° 포옹기도

언제나 사랑을 말하시는 주님,
당신의 사랑을 닮고 싶은 간절한 마음으로
기도드립니다.

당신께서 참 좋은 도구로 주신 말을
잘 사용했는지 돌이켜 보는 시간입니다.
잘 사용하고 싶은 마음은 있지만
그만큼 실천하지는 못했던 것 같습니다.

앞으로는
조금 더 사랑을 말하고
조금 더 고운 말을 할 수 있도록 노력하겠습니다.

당신이 주신 우리 가족에게
또 친구들에게
아름다운 축복의 말을 선물하는 사람이 되고 싶습니다.

저희의 입을 축복하여 주세요.

° 매일, 한마디 축복

오늘도 예쁜 말을 하며 지내자.

그런 한마디를 하고,
그런 한마디를 듣기를

오늘의 이야기가 탄생한 곳은 학교야. 어느 학교냐고?
청소년들이 다니는 학교! 중학교냐고? 아니, 한 단계
위! 고등학교냐고? 응, 맞아. 그런데 한국은 아니고
다른 나라야. 미국, 캐나다, 영국, 독일, 아프리카, 미
얀마, 인도네시아 중의 하나! 어딜까? 답은 5초 후에
말해줄게. 아니, 우리 동시에 말하자. 틀리더라도 자
신있게 말할 수 있는 사람이 더 좋은 거잖아. 자, 그
럼 5초를 셀게. 5초 후에 동시에 말하는 거야. 1, 2,
3, 4, 5! 미국! 미국이야. 미국 하이랜드 파크 고등학
교! 그 학교에서 수업 중에 있었던 일이야.

선생님이 아이들에게 꿈에 대해 묻고 있었어. 몇
명의 학생들에게 묻고 나서 한 학생에게 물었지. 그
학생은 아주 건강하고 듬직하게 생긴 남자 아이였어.

"너의 꿈이 뭐니?"

"메이저리그 야구 선수요."

학생은 말하고 나서 문득 자신이 없어졌어. 쉽게 이룰 수 있는 꿈이 아니라는 걸 알고 있었거든. 주위의 학생들도 소곤거렸어. 대통령이 되는 것만큼 이루기 힘든 꿈일지도 모른다고 말이야. 하지만 선생님은 학생에게 희망을 주고 싶었나 봐. 활짝 웃으면서 말씀하셨지. "메이저리그 선수가 될 수 있는 백만 명 중의 한 명이 바로 자신이라고 스스로 생각하는 게 중요해." 학생은 그 한마디에 자신감을 얻었지. 그리고 자신이 그런 사람이라고 생각하기로 했어.

그리고 시간이 흘러 그는 정말 메이저리그의 야구 선수가 되었어. 그가 누군지 알아? 메이저리그의 야구 선수는 잘 모른다고? 아니야, 네가 아는 사람이야. 클레이튼 커쇼! 그래, 잠비아에 희망의 집을 세운, 저번에 얘기해 주었던 커쇼 말이야.

선생님의 한마디가 참 인상적이지?
아빠는 네가 그런 한마디를 하는
사람이었으면 좋겠어.
그리고 그런 한마디를 듣는 사람이었으면 좋겠어.

그런 한마디로 희망을 주는 사람
그런 한마디로 희망을 얻는 사람
둘 다 참 행복한 사람인 것 같아서
아빠는 네가 그런 사람이면 좋겠어.

포옹기도

하늘에 계신 아버지,

아버지의 존재가 우리에게는 언제나 힘이 됩니다.

땅에도 계신 아버지,

아버지의 사랑이 우리에게는 언제나 희망이 됩니다.

우리의 숨이 되시는 아버지,

아버지의 마음이 언제나 응원이 됩니다.

우리에게 말씀하시는 아버지,

아버지의 한마디가 우리를 일으켜 세웁니다.

우리의 기도를 들으시는 아버지,

오늘도 귀 기울여 들어주심에 감사를 드립니다.

매일, 한마디 축복

너는 축복의 말을 하는 사람이 될 거야.

유대인의 공부법

유대인들의 공부법은 널리 알려져 있어. 전 세계 사람들이 그 공부법을 실천하지. 무슨 공부법이냐고? '하브루타 공부법'이야. 하브루타는 공부하는 파트너를 가지는 것을 의미하는데 실제로 두 사람이 짝을 이루어 공부를 해. 우리는 혼자서 책상에 앉아 조용히 공부하는 모습이 더 익숙한데 둘이서 짝을 이룬다니 어색하네. 그런데 이렇게 짝을 이루어 공부하면 혼자서 공부하는 것보다 더 잘 배울 수 있다네. 공부를 해도 말로 표현할 수 없다면 모르는 거잖아. 혼자 생각할 때는 뭔가를 알고 있다고 느끼지만 막상 말로 표현하면 잘 안 될 때가 있잖아. 그래서 같이 공부하며 서로 설명할 수 있게 한다는 거야.

유대인들의 교육의 시작은 탈무드를 소리 내서 읽는 것부터 시작한대. 이들은 어렸을 때부터 예배당에서도 학교에서도 탈무드를 열심히 소리 내서 읽으며 하브루타 교육을 몸에 익히는 거지. 그래서 정말 하브루타 교육이 우리나라 학생들에게도 좋을까 실험을 해보았대. '조용한 공부방'과 '말하는 공부방'을 만들고 각각 3시간씩 공부를 한 후 시험을 보기로 한 거지. '조용한 공부방'에서는 혼자 읽고 밑줄 긋고 정리하며 공부를 했어. '말하는 공부방'에서는 서로 묻고 설명하며 공부를 했지. 실험 결과 '말하는 공부방'에서 공부한 학생들이 월등하게 좋은 성적이 나왔대.

이 이야기를 읽으니 아빠가 좀 미안해지네.

아빠가 바쁘고 피곤해서

이야기를 잘 못 들어줄 때도 많잖아.

이제 조금 더 노력해볼게.

네가 하는 이야기를 잘 듣고

질문을 하면 열심히 대답해 줘야지.

아빠가 이야기를 안 들어줘서 공부를 못하겠다면

안 되니까 말이야.

° 포옹기도

우리의 이야기를 들어주시는 하나님,

저도 하나님처럼

아이의 이야기를 잘 들어주는 아버지가 되고 싶습니다.

꼭 공부 때문이 아니라 이야기를 나누는 것은

우리의 사랑을 더욱 단단하게 하는 일이기도 하니까요.

언제나 들어주시는 하나님을 본받아

이전보다 더욱 잘 들어주는 아빠가 되도록 노력하겠습니다.

더불어 저도 아이에게

이야기를 많이 하는 아빠가 되어야겠습니다.

하나님께서 말씀을 통해 이야기해 주시는 것처럼

이야기를 건네는 아빠가 되고 싶습니다.

좋은 아빠가 된다는 것이 쉬운 일은 아니지만

어제보다 오늘 더 좋은 아빠가 되기 위해 노력할게요.

이렇게 좋은 자녀를 주셔서 감사합니다.

° 매일, 한마디 축복

아빠는 네가 자랑스러워.

열중의 힘

와, 오늘은 이야기에서 맛있는 냄새가 나는데? 갑자기 배에서 꼬르륵 소리가 날 것만 같아. 여기는 아주 맛있는 음식을 먹을 수 있는 식당이거든. 손님이 무척 많은 걸 보면 엄청 유명한 식당인 모양이야. 유명한 식당이라서 그런가? 유명한 사람이 들어갔네. 누구냐고? 그는 정말 유명한 음악가, 베토벤이야. 베토벤은 자리에 앉아서 종업원을 급히 불렀어. 배가 몹시 고팠던 모양이야.

그런데 종업원은 베토벤이 부르는 소리를 듣지 못했어. 손님이 많아서 정신이 없었거든. "여기요, 여기 와서 주문을 좀 받으시오." 베토벤이 다시 한번 종업원을 불렀지만 종업원은 오지 않았어. 베토벤은 더 이상 종업원을 부르지 않았어. 어차피 바빠서 불러도 모르니까 올 때까지 기다리기로 한 거야.

베토벤은 오선지를 꺼내 작곡을 하기 시작했지. 아무 것도 안 하고 기다리는 것보다 일을 하며 기다리는 게 나으니까. 베토벤은 머릿속에 떠오르는 악상을 오선지에 옮기기 시작했고 어느새 작곡에 집중하느라 종업원을 기다리고 있다는 사실을 잊었어.

시간이 흐르고 종업원은 베토벤에게 다가왔지. "손님, 죄송합니다. 너무 바빠 선생님께 주문을 아직 받지 못했네요. 뭘 주문하시겠습니까?" 종업원은 정중히 사과했지만 베토벤은 아무 대꾸도 하지 않았어. 화가 났냐고? 아니, 작곡에 열중하느라 종업원의 목소리를 듣지 못했던 거야. 종업원은 난처한 표정으로 다시 한 번 물었지만 베토벤은 여전히 말하지 않았어. 종업원은 할 수 없이 옆에 대기하고 있었지.

한참 시간이 흐른 후에 베토벤은 작곡을 마치고 펜을 내려 놓았어. 종업원은 다시 한 번 물었지.

"선생님, 뭘 드시겠습니까?"
"아참, 내가 작곡을 하느라고 음식값을 내는 걸 깜빡 잊었군요. 얼마인가요?"

"선생님, 무슨 말씀이세요? 아직 아무것도 드시지
않았는데요."

베토벤과 종업원은 동시에 당황한 표정을 지었지.
베토벤은 작곡에 열중하느라 자신이 밥을 먹었는지
안 먹었는지도 잊어버리고 만 거야.

베토벤은 정말 대단하지?

아무리 좋아하는 음악이라고 해도

이렇게 열중하는 건 쉬운 일이 아닌데 말이야.

얼마나 많은 시간 동안 하느냐 보다

얼마나 열중해서 하느냐가

더 중요하다는 생각이 드네.

열중의 힘은 정말 대단한 거 같아.

° 포옹기도

세상의 처음부터 우리를 계획하신 하나님,
오늘도 기도드립니다.

사람들을 보면
자신이 좋아하는 일을 하며 사는 것이
얼마나 큰 기쁨인지 느낍니다.

우리 아이가
자신이 좋아하는 일을 찾고
그 일을 하며 살아가기를 소망합니다.

자신이 좋아하는 일을 하며
그 일에 열중할 수 있다는 것은
정말 큰 축복입니다.

저희 아이가
그런 축복을 받기를 소망합니다.

° 매일, 한마디 축복

열중해야 하는 일에 열중할 수 있기를 축복해.

노력은 사라지지 않아

천재 화가로 불리는 파블로 피카소가 카페에 갔을 때 일어난 일이야. 그 카페는 손님이 많은 유명한 곳이었어. 그럼 피카소는 유명한 화가냐고? 응, 맞아. 그래서 종업원을 불렀는데 오지 않았냐고? 그건 아니야. 종업원은 바로 왔고, 피카소는 커피를 주문했지.

"손님, 주문하신 커피가 나왔습니다."
"네, 고마워요."

피카소는 커피를 마시며 이런 저런 생각을 하고 있었어. 그 때 한 여자가 지나가다가 자신이 좋아하는 화가 피카소를 한 눈에 알아보고 카페 안으로 들어갔지. 그리고 여자는 피카소에게 가서 무조건 졸랐어. "제가 화가님을 너무 좋아해요. 그림값은 얼마든지 드릴테니 꼭 그림 한 장만 그려주세요. 네?"

피카소는 여자의 제안을 받아들였어. 불과 몇 분 만에 그림을 완성했지. 여자는 감사하다며 그림값이 얼마냐고 물었어. 그리고 깜짝 놀랐지. 여자가 생각한 것보다 그림값이 너무 비쌌거든. 얼마였을까? 백만 원? 천만원? 글쎄, 정확한 금액은 모르겠지만 여자가 놀라는 걸 보니 꽤 큰 금액이었나봐. "아니, 화가님. 제가 아무리 그림값을 많이 드린다고 했지만 이건 너무 비싼 거 아닌가요? 그림을 그리는데 겨우 몇 분 밖에 걸리지 않았잖아요." 피카소는 여인을 보며 차분한 목소리로 말했지. "저는 단 몇 분 만에 이 그림을 그린 것이 아닙니다. 이 그림을 그리기 위해 지난 40년 동안 노력해 왔습니다."

그렇지, 피카소 말이 맞아.

몇 분 만에 그림을 그릴 수 있었다는 건

그동안 그만큼 많은 노력을 했다는 뜻이고

그 노력이 그림 안에 다 묻어나는 거니까.

피카소가 남긴 명언 중에

'그림은 일기를 쓰는 또 다른 방법일 뿐'이라는

말이 있어.

일기를 쓰는 것처럼 그림을 꼬박꼬박 그렸으니까

그런 말을 할 수 있는 게 아닐까?

노력은 사라지지 않아.

집 앞에 쌓인 눈처럼 소복히 쌓이는 거야.

° 포옹기도

우리를 사랑하시는 주님,
우리도 주님을 사랑합니다.

우리가 매일 열심히 사랑해도
주님이 주신 사랑을 다 갚을 수는 없겠지만
그래도 그 사랑
조금이라도 보답하기 위해
매일 열심히 사랑하도록 노력할게요.

우리의 마음에
하나님의 사랑이 소복히 쌓이는 것처럼
하나님의 마음에도
우리가 고백한 사랑이 쌓이기를 원합니다.

더불어 주님께 기도하기를 게을리하지 않고
주의 나라와 의를 구하는 우리이기를 원합니다.

옳은 일을 위해 하고자 하는 일을 위해
노력하기를 원합니다.
무엇보다 주의 일을 위해 노력하기를 원합니다.

° 매일, 한마디 축복

기억해, 너의 노력은 사라지지 않는다는 걸.

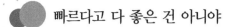

빠르다고 다 좋은 건 아니야

스프링벅이라는 동물 들어봤어? 건조한 평원이나 초원에 사는 동물이야. 생김새는 사슴하고 비슷하고 달릴 때 시속이 94km나 될 만큼, 치타조차 쉽게 잡지 못하는 빠른 발을 가지고 있어. 스프링벅은 스프링이 튕기듯이 뛰어 다녀서 붙여진 이름이야. 스프링벅은 수 백 마리가 무리를 형성해서 다니지. 그렇게 함께 다니면 훨씬 든든하고 힘이 나겠지? 혼자 다니는 것보다 훨씬 기쁠 거 같아. 그런데 함께라서 슬픈 일이 일어났대. 함께 목숨을 잃는 사건이 발생한 거야. 과학자들은 그 이유를 밝히기 위해 스프링벅에 대한 조사를 벌였어. 그리고 놀라운 사실을 발견했지. 무슨 사실이냐고? 지금부터 들려줄게. 잘 들어 봐.

스프링벅은 선천적으로 식욕을 타고났고 무리를 지어서 풀을 먹는대. 그런데 그 사건이 있던 날은 뒤에서 풀을 먹던 녀석이 앞선 녀석보다 많은 풀을 먹기 위해 더 빨리 앞으로 달려나간 거야. 앞에 있던 녀석은 자리를 빼앗기지 않기 위해 그보다 빨리 앞으로 달려나가게 되었고 뒤에 있던 녀석도 더 빨리 달렸지. 그렇게 앞서거니 뒤서거니 뛴 거야. 왜 뛰는지도 모른 채 온 힘을 다해 달리다가 강이나 절벽으로 뛰어 들어가게 되어서 목숨을 잃은 거지. 그 이후로 스프링벅 현상이라는 말이 생겼대. 이유도 모른 채 따라 하느라 정신없는 모습을 보고 그렇게 부르지.

세상에서 살다 보면

늦는 게 두렵고 더 빨리 가야만 할 것 같은

생각이 들 때가 있어.

아빠도 그럴 때가 있지.

그런데 오늘 하나 배웠네.

빠르다고 다 좋은 건 아니라는 걸 말이야.

° **포옹기도**

우리와 발맞추어 걸어 주시는 하나님,
오늘도 기도드립니다.

때로는 우리가 급해서
발맞추어 걷는 하나님을 두고
우리가 먼저
우리가 먼저 하다가
하나님까지 앞지르려고 하지는 않았나 생각해 봅니다.

세상은 속도를 얘기하지만
우리는 사람이 중요해야 하는데
세상은 빨리 가라고 하지만
우리는 느리더라도 중요한 걸 놓치면 안되는데
세상이 얘기한 대로 따라가려고만 했을지도 모르겠습니다.
우리 아이는 그러지 않았으면 좋겠습니다.

빨리 가는 친구들을 보며 불안해하지 않고
빨리 가는 친구들을 경쟁자로 보지 않고
하나님께서 주신 친구로 볼 수 있었으면 좋겠습니다.

하나님과 발맞추어 걸었으면 좋겠습니다.

° **매일, 한마디 축복**

하나님과 발맞추어 걷는 사람이 되거라.

진정한 친구의 마음

연극 무대 위에서 한 사람이 연습을 하고 있었어. 그는 꿈꾸던 연극 무대에 처음으로 서게 된 사람이야. 얼마나 설레는지 매일 심장 뛰는 소리가 들리는 것만 같았지. 그는 대사가 몇 마디밖에 없는 역할을 맡았지만 정말 잘 해내고 싶었어. 그래서 매일 극장으로 가서 연습을 했지. 오늘은 더 열심히 연습했어. 왜 그러냐고? 친한 친구가 응원을 오기로 했거든. 친구에게 조금이라도 더 잘하는 모습을 보여주고 싶었어.

그는 몇 시간 동안 열심히 연습을 했고 드디어 친구가 왔지. 친구는 그의 모습을 보고 박수와 환호를 보내주었어. 그리고 나가면서 "구두끈이 풀어졌어."라고 말해주었지. 그는 고맙다며 구두끈을 다시 묶고 친구를 배웅한 후에 다시 구두끈을 풀고 연습을 했지. 그 모습을 본 극장 청소부 아저씨가 고개를 갸우

뚱하며 물었어.

"왜 다시 구두끈을 풀고 하세요?"

"내 연극 배역이 거지입니다. 구두끈을 풀고 어수
룩하게 보이는 거지 역할이죠."

"그런데 왜 아까는 다시 묶었어요?"

"친구가 나를 생각해서 해 준 말이니까요. 그때 내
역할을 설명하는 것보다 친구의 마음을 받아주는
게 더 중요하다는 생각이 들었습니다."

청소부 아저씨는 그 마음에 감동을 받았지. 고개를
끄덕이며 다시 청소를 시작했어. 그는 다시 연습하기
시작했지. 친구의 응원 덕분에 더 힘을 내며 말이야.

정말 감동이다. 그치?

친구를 생각해서

구두끈이 풀어졌다는 걸 알려 준 것도

친구를 생각해서

그 말을 그대로 들은 것도

진정한 친구의 마음이란 이런 건가 봐.

서로를 위하는 마음으로 말하고

자신보다 친구의 입장을 생각해서 배려하는 마음.

그 마음을 가진다면 세상을 살아가는데

정말 큰 힘이 되겠다. 그치?

° **포옹기도**

우리의 마음을 먼저 배려해 주시는 하나님,

하나님의 마음을 먼저 배려하고

하나님의 생각을 묻고

하나님의 계획을 믿는

저희가 되기를 기도합니다.

하나님이 주신 친구와

좋은 우정을 나누고

서로를 위하고 생각하며

친구의 입장을 생각해서 배려할 수 있기를 기도합니다.

세상을 살아갈 동안

어깨동무할 수 있는 친구를 주셔서 감사합니다.

친구를 하나님이 주신 선물로 알고

소중히 여기며 잘 지낼게요.

° **매일, 한마디 축복**

오늘도 친구와 함께 좋은 추억을 만들기를 기도해.

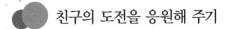
친구의 도전을 응원해 주기

게리 해멀 교수님과 프라할라드 교수님이 쓰신 책에 나오는 화난 원숭이 실험 얘기를 해줄게. 원숭이들이 있는 우리의 천장에 바나나를 줄로 매달아 놓았어. 그럼 원숭이들은 어떻게 할까? 바나나를 따 먹기 위해 줄을 타고 올라가려고 하겠지?

정말 원숭이들은 열심히 줄을 타고 올라갔어. 그런데 줄을 타고 올라갈 때마다 누군가가 찬물을 뿌려대는 거야. 원숭이들은 연거푸 시도했지만 번번이 물세례를 맞고 바닥으로 떨어졌지. 그러자 점점 줄을 타고 오르는 원숭이들이 줄어들었고 마침내 어느 원숭이도 줄을 타려고 하지 않았어.

그 후에 새로운 원숭이들을 우리에 넣었지. 새로운 원숭이들은 당연히 바나나를 먹기 위해 줄을 타고 올라갔지. 하지만 바나나를 딸 수 없었어. 원래 우리 안에 있던 원숭이들이 새로운 원숭이들이 줄을 타고 올라가는 걸 방해했거든. 왜 그랬냐고? 또 찬물이 떨어지면 자기들까지 덩달아 찬물을 맞을까 봐 그랬던 거야. 그럴 때마다 찬물을 맞아서 방해를 하던 원숭이들을 한 마리씩 교체했어.

마침내 찬물 세례를 경험한 원숭이는 한 마리도 남지 않았지. 그래도 우리 안의 원숭이들은 아무도 바나나를 따려고 하지 않았어. 이미 원숭이들은 바나나를 따면 안 된다고 생각하게 된 거야.

네가 해 봐서 안 되었던 것을

친구가 도전하려고 한다고 생각해 봐.

그러면 너는 "해봤는데 안 돼!"라고

얘기할 수 있을 거야.

우리 안의 원숭이들이 찬물 세례를 맞고 나서

새로운 원숭이들도 바나나를 못 따게 했던 것처럼.

물론 친구가 해봐도 안 될 수도 있어.

하지만 그건 친구가 직접 해보고 알 수 있게

친구가 도전할 때는 응원해 줘야지.

아빠도 네가 무엇을 시작할 때

미리 안 된다고 하지 않을게.

아빠가 경험했을 때 어려웠던 일이라도

네가 직접 해보고 알 수 있게 응원해 줄게.

° 포옹기도

언제나 우리를 응원해 주시는 하나님,

시작하기도 전에 겁이 나는 경우가 있습니다.

도전하기도 전에 부정적인 생각부터 나는 경우가 있습니다.

해보기도 전에 안 된다는 생각이 드는 경우가 있습니다.

그럴 때마다 하나님 손 붙잡고

시작하는 발걸음을 내디딜 수 있게 도와주세요.

그리고 친구와 가족, 사랑하는 사람들의 도전도

응원하고 싶습니다.

부정적인 말을 하기보다는

잘 할 수 있다고 잘 할 거라고

응원하고 격려하는 사람이 되게 해주세요.

그렇게 힘이 되는 사람이 되게 해주세요.

° 매일, 한마디 축복

넌 분명히 잘할 수 있어!

웃으세요,
당신은 이미 충분히 좋은 아빠입니다.

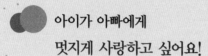

아이가 아빠에게
멋지게 사랑하고 싶어요!

오늘 들려줄 이야기의 주인공 마이크 아빌스는 메이저리그의 야구 선수예요. 팀의 주전 선수인 그는 성적이 좋은 선수였지요. 그런데 어느 날부터 성적이 떨어지기 시작했어요. 그를 모르는 사람들은 의아해했지만 그를 아는 사람들은 안쓰러운 눈길로 그를 바라보았죠. 그의 딸 아드리아나가 백혈병에 걸렸다는 걸 알고 있었으니까요.

아빌스는 경기에 집중할 수가 없었어요. 아빌스는 프로선수인 동시에 아픈 딸의 아빠이니까요. 이 사실을 알게 된 구단 측은 딸과 시간을 보내도록 특별 휴가를 주었어요. 아빌스는 딸에게 한달음에 달려가고 싶었지만 우선 미용실로 가서 머리를 삭발했죠. 항암치료를 받느라 머리카락이 다 빠진 딸과 같은 모습으로 등장하고 싶었어요.

딸과 꿈같은 휴가를 보내고 구단으로 돌아온 아빌스는 눈물을 참을 수가 없었죠. 동료 선수부터 구단 직원까지 단체 삭발을 했거든요. 아빌스와 같은 모습으로 등장하고 싶었던 거죠. 아빌스는 감동의 눈물을 흘렸어요.

　이들의 마음이 하늘에 닿았던 걸까요? 건강을 회복한 아드리아나가 아빠의 경기장에 나타났어요. 시구를 하기 위해서죠. 아드리아나는 여전히 머리카락이 하나도 없고 깡마른 모습이었지만 멋지게 시구를 했죠. 그리고 그 공은 아빠 아빌스가 받았어요.

아빠, 참 멋지죠?

딸을 위해 머리를 삭발한 아빌스도

동료를 위해 머리를 삭발한 선수들과 직원들도요.

아드리아나는 그 사랑을 받고

용기를 내고 힘을 냈을 거예요.

어렵고 힘든 치료들을 견딜 수 있었던 이유는

그 사랑일 거예요.

아빠, 나도 이렇게 멋지게 사랑하고 싶어요.

함께 기도해 주세요.

° 포옹기도

하나님,

그저 이야기를 읽었을 뿐인데도

그 사랑이 느껴져요.

참 아름답고 멋져요.

저도 이런 사랑을 하며 살아갈래요.

하나님이 이야기 속의 사랑보다 훨씬 더 멋진 사랑을

저에게 매일 주시고 있으니까요.

저는 그 사랑을 받고 잘 자라서

그 사랑과 닮은 사랑을 할 수 있게 해주세요.

하나님 마음 닮은 사랑을

우리 가족과 이웃과 친구들과 나누며

살 수 있게 해주세요.

° 아빠를 위한, 한마디 축복

아빠, 사랑해요!

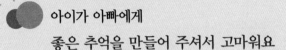

아이가 아빠에게
좋은 추억을 만들어 주셔서 고마워요

한 아기가 있었어요. 아기는 태어난지 2년 정도 되었
구요, 참 예쁜 눈을 가졌어요. 뽀얀 피부도 가졌구요.
아기를 데리고 거리에 나가면 사람들이 아기를 보며
"어머, 너무 예쁘다!"고 말해주었어요. 어느 소년은 해
맑게 웃었고 어느 소녀는 아기에게 보물 같다고 말해
주었지요. 정말 그랬어요. 가족에게 그 아기는 보물이
었지요. 가족들은 아기를 보며 웃었고 아기를 보며 행
복해했어요.

그러나 몇 개월 전 상황이 달라졌어요. 몇 개월 전
부터 가족들은 아기를 보면 눈물부터 흘리기 시작했
죠. 왜 그랬냐고요? 몇 개월 전 아기의 엄마가 갑자기
세상을 떠났거든요. 가족들은 그 누구보다 아기가 걱
정되었어요. 이렇게 어린 나이에 엄마를 잃고 살아가
야 하는 아기를 보면 눈물부터 났죠.

그런데 며칠 전에는 더 슬픈 일이 있었대요. 아기의 집이 눈물바다가 되었거든요. 온 가족이 펑펑 울어버려서요. 왜 그랬냐고요? 아기의 이모가 아기에게 노래를 불러주었어요. 아기의 엄마가 아기에게 매일 불러주던 그 노래를요. 그랬더니 아기의 눈에 눈물이 그렁그렁 고였대요. 그리고 곧 아기는 온 몸으로 슬픔을 표현하는 사람처럼 어깨를 들썩이고 얼굴을 찡그리며 눈물을 뚝뚝 흘렸대요. 가족들은 그 모습을 보고 함께 울었고 곧 눈물바다가 되었대요.

아빠, 아기도 기억이 난 거겠죠?
엄마가 불러주던 노래를 이모가 불러주니까
엄마가 없다는 사실을 알아챘는지도 몰라요.

나도 기억이 나겠죠?
아빠랑 이렇게 이야기를 나누는 시간
아빠가 날 보며 웃는 모습
아빠가 함께하는 지금이요.

이야기 속의 아기에게 미안하지만
나는 슬픔보다는 기쁨을 더 많이 기억하고 싶어요.
그래서 나중에 기억을 떠올리며
미소 지을 수 있으면 좋겠어요.

좋은 추억을 만들어주셔서 고마워요, 아빠.

° 포옹기도

우리에게 사랑의 기억을 만들어주시는 하나님,

감사합니다.

아기처럼 사랑하는 사람을 잃은 사람들에게

위로를 주시면 좋겠어요.

그리고 저도 진심으로 위로할 수 있는

사람이 되면 좋겠어요.

저에게 아빠를 주셔서 감사합니다.

아빠와 행복한 시간들을 만들 수 있어서 감사합니다.

좋은 추억을 선물해 주셔서 감사합니다.

행복한 시간을 오래오래 기억할 수 있게 해주세요.

° 아빠를 위한, 한마디 축복

아빠, 오늘도 행복하세요.

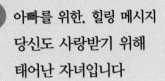

아빠를 위한, 힐링 메시지
당신도 사랑받기 위해
태어난 자녀입니다

아이가 사랑받기 위해 태어난 사람이라는 걸 믿으시죠? 보기만 해도 사랑스럽고, 밥 먹을 때도 사랑스럽고, 활짝 웃으면 더 사랑스럽고, 잘 때는 제일 사랑스럽잖아요. 그런데 오늘은 아이 말고 본인을 향해 "사랑한다"고 말씀해 주시면 어떨까요?

부모로 살다보면, 가장으로 살다보면, 이것 저것 책임을 다 하다보면 가끔 잊게 되죠. 부모이기 전에, 가장이기 전에, 책임이 막중한 어른이기 전에, 나 역시 누군가의 자녀라는 것을요.

아버님도 보기만 해도 사랑스러운 자녀였어요. 물론 지금도 그렇구요. 부모 눈에는 자식이 아무리 나이가 들어도 어린아이 같다는 말이 있잖아요. 부모님의 눈에는, 하나님의 눈에는 아버님도 그저 사랑스러운 자녀이지요. 그 사실은 변함이 없어요.

　오늘은 어깨의 무거운 짐들 신경쓰지 마시고 본인 자신을 보며 말씀해주세요. "너는 보기만 해도 사랑스러운 자녀"라고요.

　당신은 분명히 사랑받기 위해 태어난 자녀입니다.

꿈을 꾸는 것도 중요하지만
꿈을 향해 걷는 것이 더 중요한 거 같아.

가만히 앉아서 꿈만 꾸면 이루어질 수 없지만
꿈을 향해 걸어가면 만날 수 있거든.

서둘러 뛰지 않아도
조금 느려도 괜찮아.

때론 앉아서 쉬고
때론 아주 천천히 걸으면서 생각도 하고
그러면서 가자, 네 꿈을 향해.

4부

미래의 축복을 위한,
포옹기도

지금, 사랑하자

어느 라디오 프로그램에서 나온 이야기야. 20대의 청년이 보낸 사연이지.

"아버지와 엄마와 저는 단란하고 행복한 가정을 이루고 있었어요. 부자는 아니었지만 행복했어요. 아버지는 다정다감한 분이셨어요. 일이 많이 힘드셨는데도 퇴근하고 집에 들어오시면 저랑 엄마랑 대화하는 걸 좋아하셨지요. 밥상머리에서 대화가 끊이질 않았고 웃음도 끊어질 틈이 없었어요.

그러다가 제가 중학교 가던 해에 웃음이 끊기는 사건이 있었지요. 아버지가 사고로 돌아가셨어요. 믿기지도 않고 믿을 수도 없는 일이었지만 엄마랑 저는 둘만의 생활에 적응을 해야 했지요. 엄마는 일을 하러 나갔지만 아버지가 벌어오셨던 수입의

반도 벌지 못했어요. 생활은 점점 힘들어져 갔지만 사진 속 아버지가 우리를 응원해 주는 것 같아서 참 열심히 살았어요.

세월이 흘러 저는 대학을 졸업하고 회사에 취직했어요. 벌써 회사에 취직한지 3년째이고 다음 달이면 열심히 부었던 적금을 타요. 적금을 타면 엄마랑 처음으로 여행을 가기로 했어요. 바쁘게 사느라 엄마랑 여행도 한 번 해본 적이 없거든요. 엄마랑 저는 여행지를 정하며 무척 설레어하고 있었어요. 설렘이 끊길 틈이 없었지요.

그런데 바로 몇 주 전 그 설렘이 뚝 끊겨 버렸어요. 엄마가 예고도 없이 아버지에게 가 버렸거든요. 엄마는 저보다 아버지랑 여행을 가고 싶었나 봐요."

사연을 읽던 진행자는 더 이상 말을 잇지 못하고 울어버렸지. 담당 피디는 노래를 틀었고 청취자들은 노래를 들으며 같이 울었을 거야.

우리는 '다음에 하자'라는 말을 많이 하지.

그런데 이 사연을 들으며

'지금 하자'라는 말을 많이 해야겠다는 생각이 들었어.

우리에게 '다음'이 얼만큼 남아있는지 모르는데

자꾸 '다음'을 이야기하는 건

지혜로운 행동이 아닌 것 같아.

계획을 정해서 할 수 밖에 없는 일이 있지만

그래도 '다음'보다는 '지금'을 사랑하자.

소금보다 황금보다 중요한 금이 '지금'이래.

아빠가 너에게 이야기를 다음에 읽어주는 것보다

지금 읽어주는 것이 훨씬 좋은 것처럼

우리는 지금을 사랑하자.

그리고 지금, 사랑하자.

° 포옹기도

우리의 매일을 계획하시는 하나님,
하나님의 계획에 합한 사람이고 싶습니다.

사람이 마음으로 자기의 길을 계획할지라도
'그 걸음을 인도하시는 분은 여호와시라'는
잠언 16장 9절의 말씀처럼 우리의 걸음을 인도해 주세요.

그리고 우리가 그 인도하심을 따르는 사람으로
우리의 계획이 아닌 하나님의 계획을 따르는 사람으로
살게 해주세요.

때론 힘들고 어려워도 지금을 사랑하고
지금 또한 하나님의 계획 안에 있음을 믿고 싶습니다.

무엇보다 지금,
우리에게 우리를 허락해주셔서 감사합니다.
다음에 사랑하는 가족보다
지금 사랑하는 가족이 될 수 있게 해주세요.

지금을 주셔서 감사합니다.

° 매일, 한마디 축복

'지금'은 소금보다, 황금보다 좋은 금이래.
지금을 소중하게 생각하자.

● '가격'보다 '가치'를

2014년 9월 인터넷에 등장한 한 장의 사진을 보고 사람들은 감동을 받았어. 그 사진은 마라톤 경기 중의 한 장면을 담고 있었어. 케냐의 유명한 여성 마라톤 선수가 중국 장애인 선수에게 물을 건네는 장면이었지. 두 팔이 없는 장애인 선수가 물을 받으려는 찰나에 찍혔던 그 사진에 담겨진 사연은 뭘까?

사람들은 궁금했고 며칠 후 그 사연이 알려졌어. 장애인 선수가 경기 도중에 탈수 증세를 보였고 그 모습을 발견한 케냐 선수가 물을 건네 줬던 거야. 그런데 이 일로 인해 케냐 선수의 마라톤 기록이 늦어졌어. 1등을 할 수 있었던 선수가 2등이 되었을 뿐만 아니라 상금도 2만 불이나 놓쳤지. 2만불이면 케냐에서 몇 년 동안 온 가족을 먹여 살릴 수 있는 금액이야. 정말 어마어마한 돈을 놓치게 된 거지.

기자들은 안타까워 하며 아깝지 않냐고 물었어. 하지만 케냐 선수는 웃으며 대답했지. 다시 같은 상황이 오더라도 같은 행동을 했을 거라고. 그러면서 그 장애인 선수의 건강 상태를 걱정하며 물었어. 사람들은 사연을 듣고 나서 사진을 보니 더욱 감동이라고 말했지. 그저 물을 건넨 것이 아니라 그렇게 큰 희생을 감수하고도 선행을 베푼 케냐 선수를 칭찬하면서 말이야.

아빠라면 어땠을까?

케냐 선수와 같은 행동을 하고 싶지만

'정말 그럴 수 있었을까?'하는 생각이 드네.

그럴 수 없었을지도 모르겠어.

너라면 어땠을 거 같아?

너도 아빠랑 같은 생각이야?

아빠는 그렇게 생각하지 않아.

너라면 케냐 선수와 같은 행동을 했을 거야.

정말 그럴 수 있을 거야.

너는 그 선수처럼

'가격'보다는 '가치'를 선택하리라 믿어.

그리고 그 선택이 너의 삶을 더욱 풍요롭게 해줄 거야.

° **포옹기도**

우리의 가장 소중한 가치인 하나님,

선행을 배푼 케냐 선수의 이야기를 통해

하나님의 마음을 느낍니다.

이웃을 사랑하라는 하나님의 말씀을 실천하는

그 선수를 보며

감동을 받고 또 많이 깨달았습니다.

우리 아이도 그 선수처럼

희생을 감수하더라도 선행을 베푸는 삶을 살기를

기도합니다.

이 땅에서 중요한 '가격'보다

하늘의 '가치'를 소중히 생각하며

살아갈 수 있기를 기도합니다.

그리고 매 순간의 선택에

주님의 마음이 함께 하기를 기도합니다.

° **매일, 한마디 축복**

우리는 가치있는 일을 하는 사람이 되자.

심장이 뛰는 일을 만나기를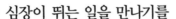

미국 테네시주에 사는 소녀가 있었어. 부족함이라고는 겪어본 적 없는 소녀였지. 집도 부자였고 공부도 잘했고 남자친구도 있었어. 교회도 열심히 다니고 착한 마음도 가지고 있었지. 소녀의 이야기를 들은 사람들은 마음속에서 질투가 샘솟기도 하고 부러움이 흘러 나오기도 했어. 고등학교 때 우간다로 봉사를 떠나는 소녀를 보며 친구들은 이야기했지.

"케이티는 정말 대단해. 봉사활동까지 가고 말이야."
"그러게. 우간다의 고아원 아이들을 돌볼 봉사자
  가 부족하다는 소식을 듣고 가는 거래."
"얼굴도 예쁘고 마음도 착하고! 공평하신 하나님이
  왜 그러신 거야?"

소녀는 우간다의 고아원에서 3주간 봉사를 하고

돌아왔어. 그런데 자꾸 슬픈 마음이 들었지. 좋은 일을 하고 왔는데 왜 그러냐고? 고아원 아이들이 자꾸 눈 앞에 아른거렸거든. 잘 지낼까 걱정이 되기도 하고 갑자기 너무 보고 싶기도 했어. 그렇게 지내다가 대학에 합격하고 나서 결심을 했지. 대학에 가는 걸 1년만 미루고 우간다에 다녀오겠다고 말이야. 부모님은 반대했지만 너무 간절히 원하는 소녀를 보고 결국은 허락했어.

소녀는 우간다에 가서 다시 그 고아원의 아이들을 만났지. 그러던 어느날 한 꼬마가 다가와 머뭇거리기도 하고 망설이기도 하다가 질문을 했어. "엄마라고 불러도 돼요?" 그 한마디가 소녀의 심장을 뛰게 했어. 소녀는 그 꼬마의 엄마가 되기로 했지. 1년이 지났지만 소녀는 돌아갈 수 없었어. 이미 14명의 엄마가 되어 있었거든. 그녀의 이름은 케이티 데이비스. 그녀는 지금도 우간다 아이들의 엄마로 살고 있어. 그녀의 이야기를 담은 책도 출간되었는데 그 꼬마의 질문이 책 제목이 되었지. 뭔지 알겠지? 맞아. 책 제목은 바로 '엄마라고 불러도 돼요?'야.

심장이 뛰는 일을 만나게 된다는 것

그 일을 하게 된다는 것

그런 삶을 살게 된다는 것은 분명히 축복이야.

아빠는 네가

그런 삶을 사는 사람이었으면 좋겠어.

꼭 심장이 뛰는 일을 만나고

그 일을 하며

너처럼, 너답게, 너만의 삶을 살아줘.

아빠가 많이 기도할게.

° 포옹기도

언제나 우리 곁에 계시는 주님,
예수님의 심장을 닮고 싶습니다.

낮은 자리에서
낮은 자들과 함께
낮은 마음으로 사랑하시는
예수님의 심장을 닮은 삶을 살고 싶습니다.

우리 아이가 심장이 뛰는 일을 만나고
그 일을 하며
그 삶을 행복하게 살아가기를 바랍니다.
그리고 그 삶 또한
예수님의 심장을 닮은 삶이기를 바랍니다.

누구보다 잘하지 않아도
자신의 모습 그대로 살게 해주시고
누구를 따라가지 않고
예수님을 따르는 삶을 살게 해주세요.

° 매일, 한마디 축복

예수님의 심장을 닮은 사람이 될 거야.

계속, 이루어질 때까지

2015년 '나의 영웅(이순신: 전사와 수호자)'라는 만화책
이 출간되었어. 제목처럼 이순신 장군의 이야기를 다
룬 작품이지. 2009년에 처음 출간된 이 작품은 2009
년에 7권까지 나왔고 여러 곳의 만화 박람회에서 매
진이 되었어. 놀랍지?

그런데 더 놀라운 사실이 있어. 그건 이 책의 작가
가 우리나라 사람이 아니라는 거야. 이순신 장군의
이야기니까 당연히 우리나라 작가의 작품이라고 생각
했는데 말이야. 그는 미국사람이래. 그의 이름은 '온
리 콤판'.

영웅 이야기를 좋아하는 그는 우연히 한국의 역사
드라마를 보게 되었대. 그 드라마에 등장한 영웅 '이
순신'은 콤판의 눈과 귀를 사로잡았지. 무엇보다 그

영웅은 미국 영화에 등장하는 영웅들과 너무 많이 다른 모습이었어. 초능력도 없고 멋진 장비도 없고 오직 한 자루의 칼만 들고 있었지. 그러나 그는 거북선을 만들었으며 단 12척의 배로 130척이 넘는 적진과 싸워 이겼어. 게다가 23번의 전투를 모두 승리로 이끌었지. 콤판은 이순신에 대해 공부하기 시작했고 그가 실존 인물이라는 것에 매우 놀랐어.

그리고 이순신을 혼자만 알고 있기 아깝다며 만화를 만들기로 결심했지. 하지만 이순신에 대한 자료를 찾는 일이 쉽지 않았어. 콤판은 고민 끝에 한국을 방문해서 이순신에 대한 자료를 모으기 시작했지. 난중일기 등의 책도 구입하고 이순신의 친구 유성룡의 후손을 만나기도 했어. 3년 동안 자료를 모으고 준비해서 첫 책을 만들었지. 드디어 해냈다고 생각했는데 어려움은 그 때부터 시작이었어. 콤판이 문을 두드리는 출판사들은 모두 거절했거든. 사람들은 낯선 나라의 장군 이야기를 궁금해하지 않을 거라고 말하면서 말이야.

하지만 콤판은 포기하지 않았어. 오랜 노력 끝에

제작비를 지원해주겠다는 후원자를 만났지. 드디어 책이 출간되었어. 그러나 몇 년 후 후원자가 후원을 중단한다고 통보했지. 이순신의 가장 위대한 전투인 명량해전을 다음 권에 다루려고 준비했던 콤판의 계획은 물거품이 되었지. 하지만 포기할 수 없었어. 콤판은 후원금 모금 사이트에 자신의 사연을 올렸어. 한국 사람들이 이 사실을 알게 되었고 큰 감동을 받았지. 한 달도 되지 않아 목표금액 두 배에 가까운 금액이 모금되었어.

드디어 명량해전을 다룬 만화책도 출간되게 되었지. 콤판은 다시 작업을 시작하며 이순신의 말씀을 되새겼다고 말했어. 그 말씀은 바로 이거야.

'살고자 하면 죽을 것이고 죽고자 하면 살 것이다.'

우물을 파는 비결은

물이 나올 때까지 파는 거라는 말이 있어.

꿈을 이루는 비결도 비슷하지 않을까?

계속 이룰 때까지 해야 하는 거잖아.

콤판의 용기와 노력에 박수를 보내고 싶네.

그의 꿈은 결코 행운이 아니었어.

그가 계속 이룰 때까지 노력해서 이뤄낸 행복이지.

° **포옹기도**

하나님,
하나님이 계속 우리를 사랑해주시는 것처럼
저희도 계속 하나님을 사랑하고 싶습니다.

하나님 안에서
계속 사람들을 사랑하고 싶습니다.

하나님 안에서
계속 꿈을 위해 노력하고 싶습니다.

하지만 계속한다는 것은 쉽지 않습니다.
지치기도 하고 넘어지기도 하겠지요.
힘들기도 하고 아프기도 하겠지요.

하지만 그 모든 것이 과정임을 알고
하나님 안에서 이어가고 싶습니다.

그런 인내심과 지구력을 주시고
무엇보다 하나님의 손을 놓지 않을 수 있게 해주세요.

° **매일, 한마디 축복**

꿈을 찾고 꿈을 위해 노력하며 성장할 것을 믿고 축복한다.

자신에게 떳떳하기

1508년 로마의 교황 율리우스 2세는 미켈란젤로에게 시스티나 성당의 천장 벽화를 그리는 일을 맡겼어. 그건 그냥 "알겠습니다"라고 하면 할 수 있는 일이 아니었지. 엄청난 시간과 노력을 투자해야 하는 일이었거든. 하지만 미켈란젤로는 교황의 말대로 천장 벽화를 그리기 시작했고 4년 동안 계속해서 쉬지 않고 벽화를 그렸지.

아빠는 사다리를 오르 내리며 고개를 뒤로 젖힌 채 천장에 그림을 그리는 모습을 상상만 해도 고개가 아파 오는 것 같은데, 미켈란젤로는 정말 그렇게 그림을 그렸다니 정말 대단하지? 미켈란젤로는 고된 작업으로 인해 목과 눈에 이상이 생기기도 했지만 포기하지 않고 벽화를 완성했어. 이 그림이 바로 로마 바티칸 궁전에 소장되어 있는 세계 최대의 벽화 '천지창조'야.

"자네도 참 이상하네." 누군가 천지창조를 그리고 있는 미켈란젤로를 보며 말했어. 누구냐고? 미켈란젤로의 친구야. 뭐가 이상하다고 하는 거냐고? 미켈란젤로가 잘 보이지도 않는 천장 구석에 그림을 꼼꼼히 그려넣고 있었거든. 그걸 이상하다고 말 한 거야. "그렇게 구석진 곳에 잘 보이지도 않는 걸 그려넣으려 그 고생을 한단 말인가? 그렇게 열심히 그려봤자 도대체 누가 알겠나?" 친구는 혀를 차며 한마디를 더 했고 미켈란젤로는 차분한 목소리로 대답했어. "내가 알지."라고 말이야.

누가 알아주지 않아도
자신에게 떳떳한 사람은
참 멋진 거 같아.

미켈란젤로는 그런 사람이네.
자신에게 주어진 일에 최선을 다하며
자신에게 떳떳할 수 있게
사람들에게 보이지 않는 구석까지 꼼꼼하게
그림을 그리는 사람.

아빠는 네가 그리는 삶의 그림도 그런 모습이기를
너도 그런 사람이기를 소망해.

° 포옹기도

우리의 모든 걸 아시는 주님,
사람들을 속일 수 있을지는 몰라도
하나님을 속일 수는 없지요.

사람들에게 숨을 수는 있어도
하나님에게 숨을 수는 없지요.

하나님이 보시기에 참 좋은 사람이기를 소망합니다.

사람들의 눈을 의식하기 보다
내 마음의 눈을 의식하고
사람들이 알아주기를 바라며 살기 보다
내 자신에게 떳떳한 모습으로 살기를 소망합니다.

내 자신에게 떳떳하고
삶의 그림을 꼼꼼히 그려 나가며
하나님을 기쁘게 하는 사람이기를 소망합니다.

무엇보다 하나님을 속이려 하거나
하나님에게 숨지 않고
언제나 하나님 앞에서 떳떳한 사람이기를 소망합니다.

° 매일, 한마디 축복

네 자신에게 떳떳한 사람이 되거라.

하나님의 때가 있어

살다 보면 실수할 때가 있잖아. 사람이니까 실수도 할 수 있는 거지, 뭐. 그런데 친구들이 바보라고 놀리면 속상하지. 나도 바보같이 실수한 걸 아는데 그 때 딱 바보라고 놀리면 표정관리가 잘 안돼. 같이 바보라고 놀리기도 하고 혀를 내밀기도 하지. 그래도 마음이 쉽게 풀리지 않아. "내가 왜 그랬지?"하고 스스로 내 머리에 꿀밤을 때리기도 하고, 나를 놀린 친구가 꼭 실수하는 장면을 보게 되기를 바라게 되기도 하지. 꼭 똑같이 놀려주고 싶어서 말이야.

동물들은 어떨까? 동물들도 그런 생각을 할까? 아빠는 다른 동물들은 잘 모르겠고 바보새라고 놀림을 받는 새는 알고 있어. 그 새의 이름은 '알바트로스'야. 이름은 참 멋지지? 그런데 이름과 달리 행동은 참 우스꽝스러워. 물갈퀴 때문에 뒤뚱거리며 걷고 긴 날개를 축 늘어뜨리고 있어서 더 힘이 없어 보이지. 아이들이 돌을 던지고 도망가도 뒤뚱거리며 걷느라 멀리 가지도 못해. 그럼 날아가면 되지 않느냐고? 아니야. 그것도 쉽지 않아. 날개가 길어서 아무리 날갯짓을 해도 쉽게 날아오르지 못해. 그래서 사람들은 알바트로스의 이름을 부르는 대신 바보새라고 부르지.

위기의 순간에도 마찬가지야. 폭풍이 몰려와 모든 동물들이 숨어 들어갈 때 바보새는 절벽에 멍하니 서 있어. 긴 날개를 꿈틀거리면서 말이야. 다른 새들이 얼른 숨으라고 소리를 쳐도 꼼짝을 안 하고 날개를 펴지. 그런데 말이야. 그 순간 바보새는 절벽에서 뛰어내려. 바람이 거세질수록 바람에 몸을 맡기고 나는 거야. 그리고 6일 동안 한 번의 날개짓도 없이 날아. 두 달안에 지구를 일주하기도 하고, 10년 동안 한 번도 착륙하지 않고 날기도 하지. 날면서 수면의 물고기를 낚아채서 먹고 잠도 날면서 자.

땅에서 놀림만 받던 바보새가 하늘에서 더 이상 바보가 아니지? 폭풍우 치는 날 절벽에서 날 수 있는 용기를 가진 알바트로스. 땅에서 축 처져 있던 날개를 펴고 나는 모습을 보면 모두 입을 쩍 벌리지. 하늘을 덮을 만큼 긴 날개를 펴고 바다에 그림자를 만들며 나는 모습은 위대한 영웅 같아서 누구도 땅의 모습을 떠올리며 놀릴 수 없대.

어때?
이야기를 들으니까 하늘을 가로지르는
알바트로스가 떠오르는 것 같지 않아?

정말 때가 중요한 거 같아.
네가 하늘을 나를 수 있는 때가 있을 거야.
그걸 아빠는 믿어.

하나님이 세우신 널 향한 계획에
그 때가 분명히 포함되어 있을 거야.

우리의 모습이 가끔은 엉뚱하고 바보 같아도
하나님의 때를 믿고 기다리자.

° 포옹기도

하나님,
하나님의 계획 안에 있음이 감사합니다.

가끔 잊을 때도 있고
가끔 믿지 못할 때도 있지만
계속 이 감사함을 품고 있었으면 좋겠습니다.

하나님,
하나님의 때가 있음을 믿습니다.

가끔은 정말 있을지 궁금하기도 하고
가끔은 정말 없을지도 모른다는 생각에
불안하기도 하지만
계속 이 믿음을 품고 있었으면 좋겠습니다.

하나님의 계획 안에서
하나님의 때를 기다리며
그 기대와 설렘을 품고 살았으면 좋겠습니다.

° 매일, 한마디 축복

너를 향한 하나님의 계획을 기대하렴.

살아 있는 바다처럼

옛날 옛날에 이스라엘의 어느 학교의 교실에서 수업이 진행되고 있었어. 선생님은 이스라엘에 있는 호수에 대해 설명하고 있었지. 학생들은 선생님의 설명에 귀 기울이고 있었어. 선생님은 말했지. 이스라엘에 흐르는 요르단 강 근처에 큰 호수가 두 개에 대해서 말이야. 그 중 하나는 '죽은 바다'라고 불리고, 또 하나는 '살아 있는 바다'라고 불린다고 설명했지. 그 때 한 학생이 손을 번쩍 들었어.

"선생님, 질문이 있습니다. 왜 하나는 죽은 바다이고 하나는 살아 있는 바다라고 하나요?"
"좋은 질문이야. 살아 있는 바다는 다른 곳에서 물이 들어오고 또 다른 곳으로 빠져나가기도 해. 하지만 죽은 바다는 다른 곳에서 물이 들어오기만 하고 빠져 나가지는 못해. 그래서 그렇게 불리는 거야. 사람도 살아 있는 바다처럼 살아야 해."

학생들은 어리둥절한 표정을 지었지. 선생님은 미소를 지으며 말했어. "사람도 이 두 개의 호수처럼 나눌 수 있거든. 살아 있는 바다처럼 사는 사람들은 남에게 잘 베풀어. 힘들게 일해서 번 돈이지만 도움이 필요한 이웃에게 나눌 줄 알지. 죽은 바다처럼 사는 사람들은 베풀지 않아. 돈을 끌어 모으는 것만 중요한 사람들이거든. 그건 사랑이 돈보다 소중하다는 걸 아는 것과 모르는 것의 차이야."

살아 있는 바다처럼 살고 싶게 만드는 이야기네.
돈보다 사랑이 더 중요하고
그 사랑을 실천할 수 있어야 살아 있는 바다라고
말할 수 있겠지?

지금의 아빠가 그런 사람이면 좋겠어.
미래의 네가 그런 사람이면 좋겠어.

우리 그렇게 살도록 노력하자.

° 포옹기도

이웃을 사랑하라고 말씀하신 주님,
주님의 말씀을 성경 속 글자로 읽기만 하고
삶 속에 넣는 걸 깜박 잊지는 않았는지
돌이켜보며 기도합니다.

말씀을 다 삶으로 살 수는 없어도
삶 속에 하나씩 넣고 기억하며
말씀을 삶으로 살기를 기도합니다.

오늘은 이웃을 내 몸같이 사랑하라고 하신
말씀을 떠올리며 기도합니다.

언제나 우리만 중요한 사람이 되지 않게 하시고
옆과 뒤를 돌아볼 수 있기를 기도합니다.

도움이 필요하고
가난하고 어려운 이웃들을 돌아보고 베풀며
그들과 더불어 사는 가정이 되기를 기도합니다.

° 매일, 한마디 축복

넌 분명히 살아 있는 바다처럼 사는 사람이 될 거야.

친절한 할아버지처럼

여기는 우루과이의 어느 마을이야. 지금은 모두 잠
든 밤이지. 그런데 눈살을 찌푸리며 일어나는 사람들
도 있어. 날씨가 좋지 않거든. 강한 바람에 창문이 덜
컹거리고 나무가 요란하게 흔들려.

오랫동안 이 마을에 살고 있는 친절한 할아버지도
잠자리에 들려다가 일어나 주위를 살피고 있어. 바람
때문에 마을 사람들이 피해를 입을까 걱정이 되어서
말이야. 어? 창문 너머로 여기저기 둘러보던 할아버
지가 주섬주섬 옷을 입고 밖으로 나가네. 할어버지는
이웃집으로 발걸음을 옮기고 있어. 이웃집 지붕이 바
람에 날아갈 위기에 처했거든. 할아버지는 지붕 고치
는 것을 돕기 위해 연장을 들고 집을 나선 거야. 집주
인은 할아버지에게 미안해서 혼자 고치겠다고 했지만
할아버지는 이웃끼리 서로 도와야 하는 거라며 두 팔

을 걷어부치고 돕고 있어. 할아버지는 친절한 할아버지거든. 사람들은 할아버지의 친절함에 감동을 자주 받아. 오늘은 이웃집 주인이 그 감동을 받을 차례인 거지, 뭐.

아! 그런데 할아버지가 얼굴을 감싸고 소리를 지르네. 왜 그러냐고? 지붕의 슬레이트 조각 하나가 바람에 날아와 할아버지의 얼굴을 쳤거든. 큰 부상을 입지는 않았지만 얼굴에 칼로 그은 듯한 상처가 생겼어. 이웃집 주인은 소스라치게 놀랐지만 할아버지는 아무 일 없었던 듯 괜찮다며 집으로 돌아갔어.

다음날 대통령 궁의 사람들이 할아버지를 보고 깜짝 놀라긴 했지만 말이야. 왜 대통령 궁의 사람들이 할아버지를 봤냐고? 할아버지의 이름은 '호세 무히카'. 바로 우루과이의 대통령이기 때문이야.

세상에서 가장 가난한 대통령이라고 불리는
'호세 무히카'.
오래되고 낡은 자동차를 끌며
월급의 90%를 기부하는 대통령,
노숙자에게 대통령 궁을 내주는 대통령이야.

그는 2015년 3월 1일 퇴임하여
자신의 고향인 몬테비데오에서 농사를 지으며
평범한 할아버지로 살고 있어.
하지만 지금도 국민들은
그의 삶을 존경하고 따르지.

참 존경할 만한 분이지?
우리도 친절한 할아버지처럼 살 수 있으면 좋겠다.
그치?

° **포옹기도**

이웃을 내 몸같이 사랑하라고 말씀하신 주님,
오늘도 기도드립니다.

친절한 할아버지처럼
어떤 위치에 있든 겸손하게
이웃들과 허물없이
먼저 도움의 손길을 내밀며 살고 싶습니다.

손을 꼭 쥐고 있으면
옆 사람과 손을 잡을 수 없지요.
그리고 내 것을 보일 수도 나눌 수도 없습니다.

손을 펴고
내 것을 나누기를 바랍니다.
손을 잡고 함께 가는 삶이기를 바랍니다.

우리의 지금이
그리고 우리 아이의 미래가
그런 삶이면 좋겠습니다.

° **매일, 한마디 축복**

너의 미래를 축복해.

꿈을 향해 걷자

어느 무명배우가 있었어. 그를 불러주는 곳은 없었지. 하지만 그가 출연하고 싶은 영화는 있었어. 수많은 대작을 만든 마틴 스콜세지 감독의 영화 〈사일런스〉가 그 영화였지. 하지만 그 영화에 출연할 수 있는 방법은 없었어. 그 영화를 만드는 사람들은 그 배우를 모르니까. 그는 자신의 프로필을 뉴욕에 있는 영화사에 보내고 연락을 기다렸지. 답은 오지 않았어.

하지만 그는 꿈꿨고 영화사로 직접 찾아갔지. 영화사 앞에서 들어갈 수도 없었지만 말이야. 경비 아저씨가 그의 앞을 막아섰거든. 감독과 약속을 하지 않으면 들어갈 수 없다고 말이야. 그래도 그는 포기하지 않고 어떻게든 들어가 보려고 했지만 결국 실패하고 다시 한국으로 돌아갔지. 왜 한국으로 갔냐고? 한국 사람이거든. 집으로 돌아간 거지, 뭐.

하지만 포기하지는 않았어. 얼마 후 대만에서 〈사일런스〉 촬영이 시작된다는 소식을 접하고 대만으로 갔어. 촬영장 앞에서 자신을 알리는 피켓을 들고 몇 날 며칠을 서 있었지. 피켓에는 스콜세지 감독님을 찾아 한국에서 뉴욕을 거쳐 대만까지 왔다는 내용이 담겨 있었어. 보름이 지나고 촬영 스텝 한 명이 그에게 다가와서 꿈같은 이야기를 했어. "사일런스 오디션에 참가하게 해드릴게요." 무명배우는 이 세상을 다 가진 것처럼 기뻤지. 그는 최선을 다해 오디션을 보았고 이틀 후에 연락을 받았어. "남정우 씨, 우리 영화에 출연하게 되셨습니다. 축하드립니다."

그의 이름이 불렸을 때 얼마나 기뻤을까?
하늘을 나는 것 같은 기분이었겠지?

꿈을 꾸는 것도 중요하지만
꿈을 향해 걷는 것이 더 중요한 거 같아.

가만히 앉아서 꿈만 꾸면 이루어질 수 없지만
꿈을 향해 걸어가면 만날 수 있거든.

서둘러 뛰지 않아도
조금 느려도 괜찮아.

때론 앉아서 쉬고
때론 아주 천천히 걸으면서 생각도 하고
그러면서 가자, 네 꿈을 향해.

° 포옹기도

우리의 꿈이 되시는 하나님,
하나님을 더 알고
하나님을 더 사랑하며
하나님께서 주신 재능을 알고
하나님의 마음에 합한 꿈을 꾸고 싶습니다.

포기하지 않고 꿈을 만날 때까지
계속 걸어가고 싶습니다.

꿈으로 향하는 길에서
하나님과 함께 걷고 싶습니다.

힘들다고 투정을 부려도
힘들어서 하나님 손을 놓지 않기를
느리다고 걱정은 해도
느리다고 하나님의 계획을 의심하지 않기를
기도합니다.

꿈을 이루는 사람이 되게 하시고
과정 속에서도 하나님을 신뢰하는 사람이 되게 해주세요.

° 매일, 한마디 축복

너는 꼭 꿈을 이룰 수 있을 거야.

지금 할 수 있는 걸 하면 돼!

2013년 알렉스는 6살 난 어린 소녀였어. 1월부터 8월까지 날마다 밝고 즐겁게 보냈지. 그런데 9월 갑작스레 큰 슬픔이 찾아왔어. 알렉스를 사랑하고 알렉스가 사랑했던 할머니가 하늘나라로 떠나신 거야.

엄마는 매일 슬픔에 빠져있는 알렉스를 위로하고 싶었어. 그래서 한 가지 제안을 했지. "알렉스, 2014년 3월 22일이 할머니의 60번째 생신이야. 그때까지 60번의 착한 일을 해보는 건 어때? 하늘에서 할머니가 기뻐하실 거야."

알렉스는 엄마의 제안을 받아들였어. 그리고 정말 60번의 착한 일을 했지. 엄마는 알렉스를 칭찬했고 이번에는 알렉스가 엄마에게 제안을 했어. "엄마, 내가 할 수 있는 착한 일을 하니까 내 마음이 기뻐졌어요. 이번에는 할머니의 다음 생일까지 600번의 착한 일을 해볼래요!"

알렉스는 자신있게 말했지만 정말 쉬운 일이 아니었어. 하지만 알렉스는 누구도 생각하지 못한 착한 일을 생각하고 실천했지. 응급실에 잡지 기부하기, 함께 놀기 좋은 장난감을 공원에 두고 오기, 자판기에 거스름돈 붙여놓기, 자동판매기에 간식 붙여놓기, 이웃집 문에 깜짝 선물 붙여놓기, 지나가는 사람들을 위해 문 잡고 있기 등등……. 2015년 3월 22일 할머니의 61번째 생일까지 알렉스는 600번의 착한 일을 해냈지.

알렉스는 계속 착한 일을 할 거래.

베푸는 즐거움이 너무 크고

계속 착한 소녀가 되고 싶다네.

착한 일에는 크고 작음이 없는 거 같아.

지금 할 수 있는 걸 하면 되는 거지.

꼭 착한 일뿐만이 아니야.

지금 할 수 있는 걸 하면 돼.

공부도

꿈을 위한 노력도

놀이도

지금 할 수 있는 걸 하면 되는 거야.

° 포옹기도

오늘도 우리와 함께 계시는 하나님,
누가복음 16장 10절의 말씀을 기억합니다.

"지극히 작은 일에 충실한 사람은 큰 일에도 충실하고
지극히 작은 일에 불의한 사람은 큰 일에도 불의하다"

이 말씀을 읽으며 다짐해 봅니다.
큰 일을 하려고 나중을 기다리는데 시간을 쓰지 말고
작은 일이지만 지금 할 수 있는 일을 하며
나중을 꿈꾸는 사람이 되자고요.

지금 할 수 있는 걸 열심히 하며
오늘 최선을 다할 수 있는 시간이 주어진 것에
감사하자고요.

언제나 함께 해주셔서 감사합니다.
오늘도 함께 해주셔서 감사합니다.

° 매일, 한마디 축복

지금 할 수 있는 걸 하며 오늘을 알차게 보내자!

첫 마음 그대로

어느 집에 도둑이 들었어. 그 집은 그 동네에서 정직하기로 소문난 의사가 살고 있었지. 도둑은 그 의사의 한복 두루마기를 훔쳐 달아났어. 그런데 허겁지겁 도망가느라 한복끈을 두고 간 거야. 의사는 직원을 불러서 말했어. 뭐라고 했을까? 얼른 뛰어가서 잡으라고 했을까? 아니야. 의사는 직원에게 "빨리 도둑에게 이 한복 끈을 갖다주게. 바보같이 끈을 두고 갔어."라고 했어. 참 신기한 사람이지?

그는 의사가 되면서부터 그랬어. 의사가 된 그는 이렇게 말했거든. "치료비가 없어 평생 의사 얼굴 한 번 못 보고 죽는 사람들을 위해 일하고 싶다" 진짜 신기하지? 더 신기한 건 뭔지 알아? 그가 정말 이렇게 살았다는 거야. 그는 천막에서 무료 진료를 시작했고 생을 마감할 때까지 가난한 사람들을 위해 헌신했어.

돈이 있든 없든 환자를 외면한 적이 없지. 병원에서 치료를 받았지만 병원비로 낼 돈이 없는 환자에게 다가가서 귓속말을 했어. "여보시오. 그냥 도망가시오. 가장인데 가서 일해야 할 거 아니오. 내가 뒷문을 열어두리다." 그리고 정말 뒷문을 열어주며 몰래 도망가게 해주었어.

영양이 부족해서 병을 얻은 사람에게는 "이 환자에게는 닭 두 마리의 값을 주세요."라는 처방전을 내렸고 어떤 환자는 그의 출근길에 쓰러져 있었지. 왜 그랬냐고? 너무 아프지만 돈이 없어서 그랬어. 자신을 발견한다면 꼭 치료해 줄거라 믿었기 때문이지. 그 환자의 믿음은 현실이 되었어. 그 환자를 발견한 장기려 선생님이 병원으로 옮겨 치료해 주었거든. 그 의사 선생님의 이름이 장기려냐고? 응, 맞아. 그는 평생을 환자의 편에 서서 환자들을 위해 살다간 장기려 선생님이야.

참 대단한 분이지?

남을 위해

자신보다 어려운 사람들을 위해 살았잖아.

그런데 더 대단한 이유가 있어.

평생을 그렇게 살았잖아.

첫 마음 그대로 평생을 산다는 건

정말 어려운 일이거든.

넌 꿈을 이룰 수 있을 거야.

그런데 중요한 건

이루었다는 것이 아니라

이룬 것을 얼마나 끝까지

첫 마음 그대로 지킬 수 있냐는 거야.

그걸 명심했으면 좋겠어.

° **포옹기도**

첫 마음 그대로 사랑해주시는 하나님,
언제나 하나님의 사랑을 느낍니다.

봄마다 피는 꽃을 보면서도
여름마다 푸르른 산을 보면서도
가을에는 아름다운 단풍을 보고
겨울에는 펑펑 내리는 눈을 보며
하나님의 사랑을 느낍니다.

무엇보다 우리를 사랑한다 말씀하시던
첫 마음 그대로 지금도 사랑하고
앞으로도 사랑해주실 변함없는
하나님의 사랑을 느낍니다.

그런 사랑을 배우고
그런 사랑을 담은 꿈을 꾸고
그런 사랑을 실천하는 삶을 살기를 바라고 기도합니다.

그리고 그 기도가 이루어진 삶이라고 고백하며
살 수 있는 매일이기를 원합니다.

° **매일, 한마디 축복**

꿈을 이루고 꿈을 살아낼 너를 축복해.

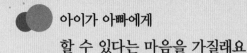

아이가 아빠에게
할 수 있다는 마음을 가질래요

오늘의 이야기가 펼쳐지는 곳은 노인클럽이에요. 우리 나라 노인정처럼 할아버지, 할머니들이 게임도 하고 이야기도 하는 곳이지요. 오늘 이야기의 주인공은요, 이 노인클럽에서 매일 우리나라 장기와 비슷한 체스 를 두고 있는 분이에요. 하지만 이야기가 시작되는 날 은 참 심심했어요. 체스를 함께 둘 사람이 없어서 멍 하니 앉아 있었거든요. 그 때 지나가던 자원봉사자가 물었어요.

"할아버지, 그냥 그렇게 앉아 계시느니 그림이나
그리시지요?"
"지금 나한테 한 말인가?"
"그럼요."
"허허, 나는 붓을 잡을 줄도 몰라. 게다가 여든이
다 되어가는 나이인 걸. 너무 늦었어."

"제가 보기에는 할아버지의 연세보다 할 수 없다고
생각하시는 게 더 큰 문제인 거 같은데요? 붓 잡
는 법이야 배우면 되고요."

할아버지는 자원봉사자의 말을 듣고 뜨끔했어요.
그리고 정말 한 번 그림을 배워 볼까 하는 생각으로
그림교실에 등록했죠. 그리고 81세가 되면서 본격적
으로 그림공부를 시작했어요. 사람들은 할아버지에
게 재능이 있다고 말했고 평론가들은 천재성이 있다
고 말했어요.

할아버지는 무언가를 할 수 있다는 사실이 기뻐 매
일 그림을 그렸죠. 그리고 102세가 되어 하늘나라로
떠날 때까지 22번의 전시회를 열었어요. 그 할아버지
의 이름은 해리 리버만. 미국의 샤갈이라는 별명을
가지고 있는 화가예요.

아빠,

할 수 없다는 마음과

할 수 있다는 마음은

둘 다 마음이지만 정말 큰 차이가 있나 봐요.

해리 할아버지가 할 수 있다는 마음을

가지지 않았다면

하늘나라로 갈 때까지 하는 일은

체스 밖에 없었을지도 모르잖아요.

그런데 할 수 있다는 마음을 가지고

화가가 되었잖아요.

나도 해리 할아버지처럼

할 수 있다는 마음을 가질래요.

° **포옹기도**

하나님,

마음에 어떤 생각을 가지고 있느냐에 따라

참 많이 달라지나 봐요.

저는 할 수 있다는 마음을 가지고 싶어요.

하지만 저도 모르게 할 수 없다며 풀이 죽을 때도 있겠지
요?

그럴 때마다 기억하게 해주세요.

이야기 속의 해리 할아버지와

언제나 내 곁을 든든히 지켜주는 아빠와

항상 힘을 주시는 하나님을요.

그래서 할 수 있다는 마음을 가지고

최선을 다하며 살게 해주세요.

꼭 그렇게 살고 싶어요.

° **아빠를 위한, 한마디 축복**

아빠, 우리는 할 수 있어요!

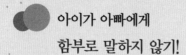

아이가 아빠에게
함부로 말하지 않기!

칙칙폭폭, 기차가 지나갑니다. 왜 기차가 지나가냐고요? 오늘은 기차 안에 타고 있는 사람들의 이야기를 들어보려고요.

기차에는 사람들이 참 많아요. 아기를 달래는 아주머니도 있고, 아들과 통화하는 할머니도 있어요. 신문을 보는 아저씨도 있고, 과자를 먹고 있는 꼬마도 있어요. 계란을 먹고 있는 학생도 있고, 친상을 쓰고 있는 아저씨도 있어요.

아저씨는 건너편에 앉은 20대 청년을 보고 있어요. 청년은 창밖으로 고개를 내밀고 있다가 옆에 앉은 아버지를 보고 외쳤어요. "아버지! 지나쳐가는 저 나무들 좀 보세요!" 아버지는 빙그레 웃었지요. "아버지! 저 구름이 우리를 쫓아와요." 청년이 또 한 번 외치자

아버지는 웃으며 말했어요. "그러네. 정말 신기하네."

아저씨는 눈살을 찌푸렸어요. 청년이 시끄럽게 구는 걸 도저히 참을 수가 없었지요. 아저씨는 청년의 아버지에게 말했어요. "다 큰 아들이 저렇게 아이처럼 시끄럽네요. 병원에 데리고 가 보는게 어때요?" 아버지는 말했어요. "죄송합니다. 사실 저희 아들이 지금 병원에 다녀오는 길입니다. 아들은 태어날 때부터 눈이 보이지 않았거든요. 그런데 이제 눈이 보이게 되었습니다. 지금 이 아이는 세상을 처음 보는 거예요. 조금만 이해해 주세요."

아빠,

아버지의 말을 듣고 아저씨는 뭐라고 했을까요?

부끄러워서 아무 말도 못 하지 않았을까요?

아니면 사과를 했을지도 몰라요.

그리고 결심을 했을 거예요.

다음부터는 그 사람의 상황을 모르고

함부로 말하지 않겠다고요.

。 포옹기도

아름다운 말을 허락하신 하나님

우리의 입이 아름다운 말을 담는 그릇이면 좋겠어요.

함부로 말하지 않고

함부로 판단하지 않고

함부로 생각하지 않도로고 노력할게요

아름다운 말을 해서

사람들의 마음에 향기를 선물하면 좋겠어요

지혜로운 말을 해서

사람들의 마음에 웃음을 선사하면 좋겠어요.

그럴 수 있도록 도와주세요.

。 아빠를 위한, 한마디 축복

아빠! 우리 오늘도 아름다운 말을 해요.

제가 말레이시아에 갔을 때 뎅기열이 유행이었어요.
뎅기 바이러스를 가지고 있는 모기에게 물리면 걸리
는 건데 사망률이 아주 높고 위험한 질환이에요. 한
인 청소년들에게 강의를 하러 갔었는데 그 얘기를 들
으니까 두려움이 확 밀려오는 거예요. 말은 하지 못했
지만 엄청 불안해하고 있었어요. 그 때 친한 선교사님
이 다가 오셔서 말씀하셨어요.

"오작가, 산책이나 다녀오자."
"뎅기열 유행이라면서요. 무서워서 안 갈래요."
"죽을까 봐? 그거 모기 때문에 죽는 거 아닌데?"

"그럼요?"

"우리가 설마 모기 때문에 죽겠어? 하나님이 부르
　시는 날 가는 거지."

그 말씀을 듣는데 불안함이 싹 가시는 거예요. 그
래서 강의가 시작되기 전에 산책을 하고 왔어요.

참 불안한 세상이죠? 아이 키우다 보면 불안하고
두려운 일이 한 두가지가 아니잖아요. 그런데요, 괜찮
아요. 어차피 우리는 하나님의 계획하심 안에 있잖아
요. 그 누구보다 잘 키울 수 없을지는 몰라도 아버님
처럼 잘 키울 수는 있어요. 누구보다 잘난 아버지는
아니지만 자녀에게 꼭 맞는 아버지세요.

누구도 미래를 미리 알 수는 없어요. 학자들이 예측할 뿐이지만 그 예측도 다 맞지 않잖아요. 불안해하지 마시고 지금까지 잘 오셨으니 앞으로도 지금처럼 가보는 거죠, 뭐. 하나님이 부르시는 날까지 우리가 할 수 있는 만큼 사랑하면 되는 거예요.

다 괜찮아요.

여기, 하나님의 계획 안에 계시잖아요.

아빠의 포옹기도는 여기서 끝나지 않습니다.
책을 다시 읽어도 좋고, 아빠가 들려주고 싶은
다른 이야기를 해도 좋습니다.
아빠가 회사에서 겪은 일이나
어렸을 적 이야기를 해도 좋겠지요.
아빠만의 방식으로 포옹기도를 계속해 주세요.

웃으세요,
당신은 이미 충분히 좋은 아빠입니다.

아빠의 포옹기도

초판 발행 2023년 5월 19일

지은이 오선화
펴낸이 박지나
펴낸곳 도서출판 지우
출판등록 2021년 6월 10일 제399-2021-000036호
이메일 jiwoopublisher@gmail.com
인스타그램 instagram.com/jiwoopub
페이스북 facebook.com/jiwoopub

ISBN 979-11-977440-5-1 03230

ⓒ 오선화

지우
겸손하고 선한 그리스도인들을 위한
좋은 책을 만듭니다.